성숙한
그리스도인

A Mature Christian

A Mature Christian
성숙한 그리스도인

이영훈 지음

초판 1쇄 발행 2023년 4월 18일

편 집 인　김호성
발 행 처　서울말씀사

출판등록　제2016-000172호
주　　소　서울시 영등포구 은행로 55, 5층
전　　화　02-846-9222
팩　　스　02-846-9225

ISBN 978-89-8434-899-8

*책값은 뒤표지에 있습니다.

이 책은 저작권법에 따라 보호받는 저작물이므로
무단 전재와 복제를 금합니다.

영한대역 설교집 **12**
English-Korean Sermon Series Vol.12

성숙한 그리스도인

이영훈 지음

A Mature Christian

서울말씀사

Preface

Children are so lovely that we naturally smile when we look at them. During His time on Earth, Jesus also embraced, blessed, and loved children. Clearly, He was not only pleased with the innocence of children, but also went onto exemplify them by saying that *"the kingdom of God belongs to such as these"*(Luke 18:16).

However, the Bible also says that Christians should not remain in the state of children. In Hebrews 5:12, it says, *"In fact, though by this time you ought to be teachers, you need someone to teach you the elementary truths of God's word all over again. You need milk, not solid food!"* Apostle Paul also exhorted, *"Stop thinking like children. ⋯ but in your thinking be adults"*(1 Corinthians 14:20). No matter how beautiful and lovely the children are, if they continue to stay in that state and not grow over time, this will become a big concern for the parents. The same goes for our spiritual life as Christians.

Even if you have been active within the church for a long time, if your faith and actions remain at an elementary level similar to that of a newcomer, it would not be a pleasure but a matter of concern to the Lord.

We, who wholly trust in Jesus Christ and have received salvation, must mature our spiritual faith until the day we enter into heaven. Our Heavenly Father will be delighted when He watches His children grow and develop spiritual maturity day by day to the point of *"attaining to the whole measure of the fullness of Christ"* (Ephesians 4:13).

On that note, it is my pleasure to publish the twelfth volume of my English-Korean sermon series, *A Mature Christian*. This book contains useful content on spiritual maturity given through sermons in Korean, and now in English translations. Today, more than ever before, our society yearns to see more Christians with mature faith. I sincerely hope that the many people living in various life settings that hold onto their Christian identities, both domestically and abroad, will be able to leap forward onto the next stages of spiritual maturity through this book.

Rev. Dr. Younghoon Lee
Senior Pastor, Yoido Full Gospel Church

머리말

　어린이들은 참 사랑스럽고 보기만 해도 저절로 미소가 지어집니다. 예수님께서도 이 땅에 계실 때 어린아이들을 안아주시고 축복하시며 사랑해주셨습니다. 심지어 어린아이를 가리켜 "하나님의 나라가 이런 자의 것이니라"(눅 18:16)라고 말씀하실 정도였습니다. 아이들의 순수한 모습을 주님께서 얼마나 기쁘게 여기셨는지를 충분히 가늠해볼 수 있습니다.

　그런데 성경은 성도들이 어린아이의 상태에 머물러 있어서는 안 된다고 말씀하기도 합니다. 히브리서는 "때가 오래 되었으므로 너희가 마땅히 선생이 되었을 터인데 너희가 다시 하나님의 말씀의 초보에 대하여 누구에게서 가르침을 받아야 할 처지이니 단단한 음식은 못 먹고 젖이나 먹어야 할 자가 되었도다"(히 5:12)라고 책망하고 있습니다. 사도 바울도 "지혜에는 아이가 되지 말고 … 장성한 사람이 되라"(고전 14:20)라고 권면했습니다. 아이가 아무리 예쁘고 사랑스러울지라도 시간이 지남에 따라 성장하지 않고 한 상태에 머물러 있으면 부모에게 커다란 근심이 됩니다. 그리스도인도 마찬가지입니다. 신앙생활을 오래 했음에도 불구하고 여전히 초신자 수준의 믿음과 행실로만 살아간다면, 이는 주님의 기쁨이 아니라 근심이 될 것입니다.

예수님을 믿고 구원받은 우리는 천국에 이르는 날까지 성숙해지는 삶을 살아야 합니다. "그리스도의 장성한 분량이 충만한 데까지"(엡 4:13) 이르도록 날마다 자라나고 성숙해 가는 자녀들을 볼 때, 하나님 아버지께서도 크게 기뻐하실 것입니다.

이런 면에서 이번에 영한대역 설교집 제12권 『성숙한 그리스도인』을 발간하게 된 것을 매우 기쁘게 생각합니다. 이 책에는 신앙 성숙에 유익을 주는 내용의 우리말 설교와 이에 맞는 영어 번역이 함께 실려있습니다. 오늘날 우리 사회는 그 어느 때보다도 성숙한 그리스도인들의 모습을 기대하고 있습니다. 국내외 여러 삶의 현장에서 그리스도인의 정체성을 안고 살아가는 많은 이들이 이 책을 통해 한 단계 더 성숙한 성도의 삶으로 도약할 수 있기를 간절히 바랍니다.

여의도순복음교회 담임목사
이영훈

CONTENTS

성숙한 그리스도인
A Mature Christian

Preface | 머리말

01 Stand Firm in the Faith · 12
믿음에 굳게 서서

1. Be on your guard spiritually | 영적으로 깨어있으라
2. Be strong spiritually | 영적으로 강건하라
3. Act in love | 사랑으로 행하라

02 The Benefits of Suffering · 44
고난의 유익

1. No suffering, no maturity | 고난 없는 성숙은 없다
2. Suffering is a process that leads us to blessings | 고난은 축복으로 가는 과정이다
3. Walking with the Word in times of suffering brings prosperity | 고난 중에 말씀과의 동행은 형통을 가져온다

03 Teaching without Hindrance · 88
거침없이 가르치더라

1. The life welcoming with love | 사랑으로 맞이하는 삶
2. The life preaching the kingdom of God | 하나님 나라를 전파하는 삶
3. The life teaching about the Lord Jesus Christ |
   예수 그리스도에 대해 가르치는 삶

04 The Reasons of Life · 120
삶의 이유

1. Giving something up | 내가 포기해야 할 것
2. What I try to obtain | 내가 얻고자 하는 것
3. The ultimate goal of life | 삶의 궁극적 목표

05 The Life That God Wants Us to Live · 158
하나님이 원하시는 삶

1. The righteous life before God | 하나님 앞에 의롭게 사는 삶
2. The life of compassion and mercy | 긍휼과 자비의 삶
3. The life of walking humbly with God | 겸손히 하나님과 동행하는 삶

06 The Way of a True Discipleship · 202
참 제자의 길

1. The life of following Jesus | 예수님을 따르는 삶
2. The life of denying one's self | 자기를 부인하는 삶
3. The life of carrying one's cross | 자기 십자가를 지는 삶
4. Laying down one's life for Christ and the Gospel |
   그리스도와 복음을 위하여 생명까지도 내어놓는 삶

Stand Firm in the Faith

1 Corinthians 16:13-14

Be on your guard; stand firm in the faith; be courageous; be strong. Do everything in love.

Living a Christian life is a spiritual warfare, because the devil attacks us from time to time and tries to make us fall. The devil brings worry, anxiety, and anger into our hearts. Our conflicts and quarrels with on another are evidences that the power of darkness is attacking us. We must be filled with the Words of God and the Holy Spirit in order to win this spiritual war and bring glory to God.

1

믿음에 굳게 서서

고린도전서 16:13-14
깨어 믿음에 굳게 서서 남자답게 강건하라 너희 모든 일을 사랑으로 행하라

신앙생활은 영적 전쟁과도 같습니다. 악한 원수 마귀가 시시때때로 우리를 넘어뜨리려고 공격하기 때문입니다. 마귀는 우리 마음에 걱정과 불안, 분노를 가져옵니다. 우리가 서로 갈등하고 다투는 것은 어둠의 세력이 우리를 공격해오고 있다는 증거입니다. 이 영적 전쟁에서 승리하여 하나님께 영광 돌리기 위해서는 우리가 말씀과 성령으로 충만해야 합니다.

1. Be on your guard spiritually

First, we must be on our guard spiritually.

When we are spiritually on our guard, the wonderful grace of God will be with us. 1 Corinthians 16:13 says, *"Be on your guard; stand firm in the faith; be courageous; be strong."*

When Apostle Paul wrote letters to the church in Corinth, idolatry was prevalent in the region and the people were depraved both morally and spiritually. This depravity had entered the church as well. That was why Paul exhorted the congregation to be on their guard spiritually, towards the end of 1 Corinthians, because it was uncertain when the devil would attack.

The enemy does not announce an exact time and date for its attack. It will suddenly attack without any warning. In that way, the devil prowls around us, vigilantly waiting for an opportunity to attack us, especially when we are spiritually lazy and negligent of an attack. This is why we should always be on our guard.

1. 영적으로 깨어있으라

첫째로, 우리는 영적으로 깨어있어야 합니다.

영적으로 깨어있을 때 놀라운 하나님의 은혜가 우리에게 임할 것입니다. 고린도전서 16장 13절은 다음과 같이 권면합니다. "깨어 믿음에 굳게 서서 남자답게 강건하라"

사도 바울이 고린도 교회에 편지를 보낼 때 고린도 지역은 우상숭배가 만연해 있었고 사람들은 도덕적, 영적으로 타락해 있었습니다. 이러한 타락이 교회에까지 침투했습니다. 그래서 바울이 고린도전서의 결론 부분에서 성도들에게 "깨어있으라"라고 권면한 것입니다. 마귀가 언제 공격해올지 모르기 때문입니다.

적군은 정확한 날짜와 시간을 예고하고 공격하지 않습니다. 예고 없이 급작스럽게 공격하는 것입니다. 이처럼 마귀는 우리 주변을 돌면서 호시탐탐 공격할 기회를 노리고 있다가 우리가 영적으로 나태해지고 방심할 때 우리를 공격합니다. 그러므로 우리는 항상 깨어있어야 합니다.

1 Peter 5:8 says, *"Be alert and of sober mind. Your enemy the devil prowls around like a roaring lion looking for someone to devour."*

John Wesley, the founder of Methodism, said the following: "It is your spiritual negligence that plunges your spirit into darkness. Even in that state, you live comfortably. You are not fighting on the front lines. You are content with observing your duties, only on the surface, as you sit and settle down on a comfortable road. In the meanwhile, are you not surprised that your soul is dying? Regain life in the Lord! Get up and brush off the dust! Wrestle with God to receive great blessings! Pour out your soul through prayer! Wake up from your spiritual sleep! And stay on guard!"

The Lord is coming soon. Since we do not know exactly when He will come, we must be spiritually alert so that we are ready to meet Him with joy when He comes.

In Matthew 24:42, the Lord said, *"Therefore keep watch, because you do not know on what day your Lord will come."*

베드로전서 5장 8절은 말씀합니다. "근신하라 깨어라 너희 대적 마귀가 우는 사자 같이 두루 다니며 삼킬 자를 찾나니"

감리교 창시자 존 웨슬리 목사님은 다음과 같이 말했습니다. "대개 여러분의 영혼을 어둠에 빠트리는 것은 영적인 태만이다. 당신은 그런 상태에서도 평안히 살고 있다. 당신의 전선에 전혀 싸움이 없으며 당신은 겉으로만 의무를 지키는 평탄한 길에 주저앉아 머무는 것에 만족하고 있다. 그러는 동안 당신의 영혼이 죽어간다는 사실에 놀라지 않는가? 주님 앞에 생기를 되찾아라! 일어나 먼지를 털어버리라! 강력한 축복을 얻기 위해 하나님과 씨름을 해보라! 기도로써 당신의 영혼을 쏟아 놓으라! 잠에서 깨어나라! 그리고 계속 깨어있으라!"

주님이 오실 날이 머지않았습니다. 언제 오실지 정확히 알지 못하기에 영적으로 깨어있어서 주님이 오실 때 기쁨으로 맞이할 준비를 해야 합니다.

마태복음 24장 42절에서 주님이 다음과 같이 말씀하셨습니다. "그러므로 깨어 있으라 어느 날에 너희 주가 임할는지 너희가 알지 못함이니라"

We must be spiritually alert. When we are spiritually negligent or tired, we will encounter many problems and difficulties.

When I was doing my ministry in Tokyo, Japan, there was a Japanese gentleman who fell asleep whenever I started to preach. He was a college graduate, and spoke English fluently. He used to run a shop that sold electronic devices, but his business did not go well and eventually he had to shut it down. Feeling ashamed to face his family, he left his home and lived as a homeless man in the park.

A Christian introduced the gospel to this gentleman and led him to church. Whenever he came to church, he tried his best to sing the hymns and listened to the choir attentively. However, when I began to preach, he bowed his head and dozed off every single time without any exceptions. When the sermon was over, he woke up, recited the Lord's Prayer, received the benediction, and left. He diligently attended every Sunday, Wednesday, and Friday night service, but he could not stay awake and listen to the sermons. Falling asleep during a sermon, just as this man, is like a habit.

우리는 영적으로 깨어있어야 합니다. 영적으로 나태해지고 잠들 때 우리는 삶의 많은 문제와 어려움에 직면하게 될 것입니다.

제가 일본 동경에서 사역할 때 설교 시간마다 졸던 일본 성도가 있었습니다. 그는 대학도 나오고 영어도 유창했던 분이었습니다. 한때 전자 제품 가게를 운영했지만 잘되지 않아서 결국 문을 닫았습니다. 가족들에게 부끄러웠던 그는 집을 나와 공원에서 노숙 생활을 했습니다.

그러다 누군가의 전도를 받고 교회로 나오게 되었습니다. 그는 교회에 오면 찬송도 열심히 따라 부르고 성가대 찬양도 잘 들었습니다. 그러나 설교가 시작되면 예외 없이 고개를 숙이고 졸았습니다. 설교가 끝나면 다시 정신을 차리고 주기도문을 하고 축도를 받고 돌아갔습니다. 그는 주일, 수요일, 금요일 예배 때마다 빠지지 않고 부지런히 교회에 왔지만, 설교 시간에는 말씀을 듣지 못하고 졸기만 했습니다. 이분처럼 설교 시간마다 조는 것은 일종의 습관입니다.

One day, I preached about a part of a message delivered by an American revival evangelist. "Do not doze off during any part of the worship service. If you do so, the devil will come and lay his hands on you." Then, the gentleman, who was dozing off as usual, swung his arms around wildly to prevent the devil from laying his hands on him. After that, he never dozed off again. He listened to the sermons carefully and through this, his faith grew stronger.

A sermon is when a Lord's servant delivers the message that the Lord gives. Therefore, when you open your heart and receive the message with an "Amen," God's grace and blessings will be upon you. It may be difficult for those who work all night for days to stay awake because they cannot help it. However, if someone dozes off during the worship service as a habit, we have the obligation of waking them up. We must get rid of bad habits. We should cultivate good habits that build our spiritual foundation, such as praying, reading the Bible, coming to worship early, and evangelizing. On the other hand, we must remove our bad habits, such as falling asleep during the worship service, getting distracted, or not concentrating. I pray that we will all stay spiritually alert.

그러던 어느 날, 제가 미국의 부흥강사 목사님이 하셨던 말씀 중에 일부를 전했습니다. "여러분, 예배 시간에 졸지 마세요. 예배 시간에 졸면 마귀가 와서 안수한답니다." 그러자 여느 때처럼 졸고 있던 그가 이 말을 들었는지 마귀가 자기에게 손을 대지 못하도록 팔을 마구 휘두르는 것이었습니다. 그 후로 그는 절대 졸지 않았습니다. 설교 시간에 열심히 말씀을 들었고 이를 통해 믿음도 크게 성장했습니다.

설교는 주님이 주시는 말씀을 주의 종이 대변하는 것입니다. 그러므로 마음의 문을 열고 말씀을 '아멘'으로 받을 때 하나님의 은혜가 임합니다. 며칠 동안 밤새워 일하다가 너무 피곤해서 주님 품에 잠드는 것은 어쩔 수 없더라도 습관적으로 설교 시간마다 조는 분들은 옆에서라도 깨워줘야 합니다. 나쁜 습관은 없애야 합니다. 우리는 좋은 습관을 들여야 합니다. 기도하고, 성경 읽고, 예배 자리에 일찍 나오고, 전도하는 것과 같은 좋은 습관을 우리 삶 속에 뿌리내리게 해야 합니다. 반면 예배 중에 졸거나 설교에 집중하지 못하고 산만하여 두리번거리는 것과 같은 나쁜 습관은 제거해야 합니다. 우리 모두 영적으로 늘 깨어있기를 바랍니다.

2. Be strong spiritually

When fighting a spiritual war, we must not only stay spiritually alert, but also be spiritually strong.

To win the war, we must become strong soldiers. Undisciplined and untrained soldiers will lose in every battle. Even if they are outnumbered, a few well trained soldiers can defeat many untrained solders head to head. Therefore, we must strive to become spiritually strong soldiers. We must break through the walls of our weak faith and develop a matured faith.

Hebrews 6:1-2 exhorts us to move beyond the elementary level of faith. *"Therefore let us move beyond the elementary teachings about Christ and be taken forward to maturity, not laying again the foundation of repentance from acts that lead to death, and of faith in God, instruction about cleansing rites, the laying on of hands, the resurrection of the dead, and eternal judgment."*

Those who have an elementary level of faith seem to

2. 영적으로 강건하라

영적 전쟁을 치를 때 우리는 깨어있을 뿐만 아니라 영적으로 강건해야 합니다.

전쟁에 이기려면 강한 군사가 되어야 합니다. 훈련되지 않은 군사는 모든 전투에서 패배할 것입니다. 비록 숫자가 적더라도 잘 훈련된 군사가 훈련되지 않은 많은 군사를 물리칠 수 있습니다. 그러므로 우리는 영적으로 강한 군사가 되어야 합니다. 초보적인 신앙에서 벗어나 성숙한 신앙인이 되어야 합니다.

히브리서 6장 1-2절은 초보적인 신앙에서 벗어나라고 권면합니다. "그러므로 우리가 그리스도의 도의 초보를 버리고 죽은 행실을 회개함과 하나님께 대한 신앙과 침례들과 안수와 죽은 자의 부활과 영원한 심판에 관한 교훈의 터를 다시 닦지 말고 완전한 데로 나아갈지니라"

초보적인 믿음을 가진 사람들은 일이 잘될 때는 천국에 대한

have a solid hope of heaven when things are going well. They also profess their faith by saying, "Even if I die, I will not only go to heaven, but I also believe that Jesus has died for me and resurrected from the dead! I believe in the resurrection!" On the other hand, when they face temptation and become spiritually weak, the foundation of their faith begins to shake. They say, "How can I know whether I will go to heaven or hell? I will know only after I die." This is an example of elementary level of faith. We must go beyond this level and strengthen our faith.

1 Peter 5:9 says, *"Resist him, standing firm in the faith, because you know that the family of believers throughout the world is undergoing the same kind of sufferings."*

From time to time, Christians face many struggles and are attacked by darker powers. The devil tries to hurt us by bringing problems and difficulties into our lives. Therefore, we must strongly guard our hearts and cast out the power of the devil. We must not be shaken. Instead, we should shout at the devil, "Devil! Get away from me!"

We need to arm ourselves with the joy and gratitude

확고한 소망을 갖는 듯 보입니다. 그래서 "내가 죽어도 반드시 천국 갈 뿐 아니라 예수님이 날 위해 죽으시고 부활하신 사건을 믿습니다! 부활의 사건을 믿습니다!"라는 믿음을 고백하기도 합니다. 반면 시험에 들고 영적으로 약해지면 믿음의 기초가 흔들리면서 이렇게 말합니다. "죽으면 천국에 갈지 지옥에 갈지 내가 어떻게 알 수 있나? 내가 죽은 후에나 알 수 있을 텐데." 이것이 초보적인 신앙입니다. 우리는 이 수준을 넘어서 믿음을 더욱 굳건하게 해야 합니다.

베드로전서 5장 9절 말씀입니다. "너희는 믿음을 굳건하게 하여 그를 대적하라 이는 세상에 있는 너희 형제들도 동일한 고난을 당하는 줄을 앎이라"

예수님을 믿는 사람들도 때때로 여러 가지 고통을 겪고 어둠의 세력으로부터 공격을 받기도 합니다. 마귀는 문제와 어려움을 가져와 우리를 해치려고 합니다. 그러므로 우리는 마음을 강하게 하여 악한 세력을 물리쳐야 합니다. 동요해서는 안 됩니다. 대신 마귀를 향해 "악한 마귀야! 물러가라!"라고 외쳐야 합니다.

우리는 주님을 향한 기쁨과 감사로 무장해야 합니다. 주님의

we feel towards the Lord. As faithful soldiers of the Lord, we must stand firmly by our faith. Then, God will bless us spiritually and physically, give us life, and grant us overflowing grace. We need to be fully armed spiritually.

Ephesians 6:13-17 exhorts us to put on the full armor of God. Ephesians 6:13-17 says, *"Therefore put on the full armor of God, so that when the day of evil comes, you may be able to stand your ground, and after you have done everything, to stand. Stand firm then, with the belt of truth buckled around your waist, with the breastplate of righteousness in place, and with your feet fitted with the readiness that comes from the gospel of peace. In addition to all this, take up the shield of faith, with which you can extinguish all the flaming arrows of the evil one. Take the helmet of salvation and the sword of the Spirit, which is the word of God."*

I pray that you will be fully armed spiritually, so that you will defeat the devil every time he may attack.

Pastor Brian S. Borgman, the founder of Grace Community Church in the United States, said the following: "Sin makes us

충실한 군사로서 믿음 위에 굳게 서야 합니다. 그러할 때 하나님은 영혼이 잘됨 같이 범사가 잘되고 강건하게 되는 축복을 주시고 생명을 얻되 풍성히 얻는 은혜를 허락해주실 것입니다. 우리는 영적으로 단단히 무장해야 합니다.

에베소서 6장 13-17절은 하나님의 전신갑주를 입으라고 말씀합니다. "그러므로 하나님의 전신 갑주를 취하라 이는 악한 날에 너희가 능히 대적하고 모든 일을 행한 후에 서기 위함이라 그런즉 서서 진리로 너희 허리 띠를 띠고 의의 호심경을 붙이고 평안의 복음이 준비한 것으로 신을 신고 모든 것 위에 믿음의 방패를 가지고 이로써 능히 악한 자의 모든 불화살을 소멸하고 구원의 투구와 성령의 검 곧 하나님의 말씀을 가지라"

여러분 모두가 영적으로 무장하여 악한 원수 마귀와 싸워 백전백승할 수 있기를 기도합니다.

미국 그레이스커뮤니티교회의 설립자인 브라이언 보그만 목사님은 다음과 같이 말했습니다. "죄는 우리를 넘어지게 하고,

fall, covers the glory of God, and takes away the blessings of life from us. The devil uses our sins against us to make us miserable and powerless. Therefore, when we are fighting the devil, there is nothing more important than wearing the spiritual armor of God, being alert in our faith, holding onto the Lord through prayer, and seeking God's power. Just as the Roman soldiers who strengthened their defensive lines by standing shoulder to shoulder and holding up their shields together, we must unite as one and put on the full armor of God to resist the devil."

I hope that you will become a spiritually strong soldier for the Lord. When we march forward towards our Lord, armed with a strong and unshakable faith, God will pour His abundant grace and blessings upon us.

Pray like this: "Dear Lord, keep us spiritually awake and make us strong, so that whatever challenges, hardships, and tests come our way, we will have unwavering faith that will conquer the enemy and make us victorious soldiers for your Kingdom."

I pray that you will become spiritually strong soldiers, defeat the power of darkness, and overcome all your

하나님의 영광을 가리며, 삶의 축복을 앗아간다. 마귀는 우리의 죄를 이용해 우리를 비참하고 무기력하게 만든다. 따라서 위험한 때를 살아가는 동안에는 영적 갑주를 단단히 갖춰 입고, 믿음으로 깨어 싸우면서, 기도로 주님을 굳게 붙잡고, 그분의 능력을 구하는 것보다 더 중요한 것은 없다. 어깨와 어깨, 방패와 방패를 서로 맞대어 방어력을 증대시켰던 로마 군인들처럼, 하나님의 전신갑주를 입고 하나가 되어 굳세게 버텨야 한다!"

영적으로 강한 군사가 되기를 바랍니다. 주님을 향한 흔들리지 않는 강한 믿음으로 무장하고 나아갈 때 하나님께서 우리에게 풍성한 은혜와 축복을 베풀어주실 것입니다.

다음과 같이 기도하십시오. "주여, 우리가 영적으로 늘 깨어있게 하시고 강건해져서 어떠한 도전과 환난과 시험이 다가와도 흔들리거나 시험에 들지 않고 넉넉히 싸워 이기며 승리하는 주님의 군사들이 되게 해주옵소서!"

여러분이 영적으로 강한 군사가 되어 흑암의 권세와 싸워 이기고 모든 문제와 어려움을 극복하기를 바랍니다. 그리하여 장

problems and difficulties. I also pray that you will be praised by the Lord when you one day stand before Him, "Well done, my good and faithful servant!"

3. Act in love

Furthermore, we must do everything in love.

We must become the living servants of the Lord who practice love. The Bible tells us to do all things in love. We are often hurt by the people around us, which leads us to fall into temptations. Sometimes, experiences leave long-lasting scars in our lives.

I remember a story told by a pastor who specialized in counseling. When he was little, he was told by his father, "You are utterly worthless. I do not know why you had to be born and make my life miserable!" These hateful words left a huge scar in the pastor's heart and he struggled to erase the pain for a long time. The father may have simply said this out of anger in the moment, but it left a long lasting scar that cut deep into the pastor's heart.

차 주님 앞에 섰을 때 "잘하였도다. 착하고 충성된 종아!"라고 칭찬받게 되시기를 기도합니다.

3. 사랑으로 행하라

나아가서 우리는 모든 것을 사랑으로 행해야 합니다.

우리는 사랑을 실천하며 살아가는 주님의 종이 되어야 합니다. 성경은 우리에게 사랑으로 행하라고 말씀합니다. 우리는 종종 주변 사람들로부터 상처받고 그로 인해 시험에 듭니다. 또한 이 같은 경험은 때때로 삶에 지울 수 없는 흉터와 흔적을 남깁니다.

상담학을 전공한 목사님이 들려주신 이야기가 기억납니다. 그분은 어릴 때 아버지로부터 "너같이 쓸모없는 녀석이 태어나서 왜 나를 괴롭게 하는지 모르겠다."라는 말을 들었습니다. 그 말은 목사님에게 깊은 상처가 되었고 목사님은 오랫동안 그 상처를 지우려고 몸부림쳐야 했습니다. 아버지가 단순히 화가 나서 한 말일 수도 있겠지만, 그 말이 자녀의 마음속에 지울 수 없는 큰 상처와 흔적을 남긴 것입니다.

However, those who believe in Jesus must be and act differently. As the precious children of God, we must speak with love and do everything in love. We must change the way we use our language. We must not say anything that may hurt, condemn, criticize, slander, or disparage others. Instead, we should say something that encourages, praises, strengthens, and comforts others. This is why 1 Corinthians 16:14 says, *"Do everything in love."*

Please speak with love and act with love. If we look around our surroundings carefully, we may find many of our neighbors who are having a difficult time. We should not forget that there are many neighbors around us who are struggling with loneliness, poverty, and physical pain, such as the elderly living alone, child-headed households, and patients with incurable diseases, and etc.

Instead of speaking about love as a lip service, let us put the love of Jesus into practice by caring for those who are in despair. Let us reach out our hands to those who need our help and attention, and share the love of Christ with them, so that we may bring glory to God.

그러나 예수님을 믿는 사람은 달라야 합니다. 우리는 하나님의 귀한 자녀로서 사랑으로 말하고 사랑으로 행해야 합니다. 우리의 말이 달라져야 합니다. 다른 사람을 상처 입히고 정죄하고 비난하고 헐뜯고 끌어내리고 고통을 주는 말을 해서는 안 됩니다. 우리는 다른 사람을 격려하고 칭찬하고 용기를 주고 위로하는 말을 해야 합니다. 이것이 고린도전서 16장 14절에서 "너희 모든 일을 사랑으로 행하라"라고 말씀하는 이유입니다.

사랑의 마음을 담아 말하고 사랑의 마음을 담아 행동하십시오. 조금만 관심을 가지고 둘러보면 어렵게 사는 우리 이웃들을 많이 볼 수 있습니다. 우리 주변에 독거노인, 소년소녀가장, 평생 난치병을 안고 사는 환자 등 외로움과 가난과 육체적 고통으로 힘겹게 사는 이웃들이 많다는 사실을 잊지 말아야 합니다.

입술로만 사랑을 말하지 말고 주변에 어려움을 겪는 사람들을 돌봐줌으로써 예수님의 사랑을 전해주십시오. 우리의 관심과 도움이 필요한 사람들에게 손을 내밀어 그리스도의 사랑을 전하고 하나님의 영광을 나타내는 우리가 되기를 바랍니다.

We will be labeled as hypocrites if we fail to love our neighbors while saying that we love God. Jesus said that we must love one another.

John 13:34 says, *"A new command I give you: Love one another. As I have loved you, so you must love one another."*

1 Peter 4:8 says, *"Above all, love each other deeply, because love covers over a multitude of sins."*

Now, we should make up our minds and love one another. We must forgive one another. We must be patient with one another. Our problems occur because we are impatient and filled with hatred instead of love. We lack a forgiving heart and are filled with rage.

1 John 4:20-21 warns us with the following words: *"Whoever claims to love God yet hates a brother or sister is a liar. For whoever does not love their brother and sister, whom they have seen, cannot love God, whom they have not seen. And he has given us this command: Anyone who loves God must also love their brother and sister."*

하나님을 사랑한다고 하면서 이웃을 사랑하지 않는다면 우리는 위선자입니다. 예수님은 우리가 서로 사랑해야 한다고 말씀하셨습니다.

요한복음 13장 34절입니다. "새 계명을 너희에게 주노니 서로 사랑하라 내가 너희를 사랑한 것 같이 너희도 서로 사랑하라"

베드로전서 4장 8절 말씀입니다. "무엇보다도 뜨겁게 서로 사랑할지니 사랑은 허다한 죄를 덮느니라"

이제 우리는 사랑하며 살겠다고 결심해야 합니다. 용서하며 살아야 합니다. 인내하며 살아야 합니다. 우리의 문제는 참지 못하는 데 있고, 사랑하는 대신 미워하는 데 있습니다. 용서의 마음 대신 분노를 품는 것이 문제입니다.

요한1서 4장 20-21절은 우리에게 다음과 같은 말씀으로 경고합니다. "누구든지 하나님을 사랑하노라 하고 그 형제를 미워하면 이는 거짓말하는 자니 보는 바 그 형제를 사랑하지 아니하는 자는 보지 못하는 바 하나님을 사랑할 수 없느니라 우리가 이 계명을 주께 받았나니 하나님을 사랑하는 자는 또한 그 형제를 사랑할지니라"

Let us pray like this, "Dear Lord, help us to not hate, fight, become angry, or cause conflicts. Help us to love, forgive, and be united as one in the Lord so that we will live for the glory of God."

Ephesians 4:3 says, *"Make every effort to keep the unity of the Spirit through the bond of peace."*

I want to introduce Pastor Il-Sun Lee, who was a doctor that spent his entire life for medical mission. He devoted his entire life as a medical missionary and was called the Schweitzer of Korea. Lee was deeply inspired by the life and the thoughts of Dr. Schweitzer and wanted to live just like him.

After pioneering Shin-Il Church in 1945, he traveled the country and ministered to the patients with Hansen's disease. But Lee wanted to do more than just comfort the patients with his message and wanted to treat them medically so that they may overcome this disease. In 1952, he attended the Seoul National University Medical School and specialized in dermatology. After exchanging letters

이제 이렇게 기도합시다. "주님, 우리가 주 안에서 미워하거나 싸우거나 화내거나 갈등을 일으키지 않게 하옵소서. 우리가 사랑하고 용서하고 주 안에서 하나 되어 하나님의 영광을 위해 살아가게 하옵소서"

에베소서 4장 3절 말씀입니다. "평안의 매는 줄로 성령이 하나 되게 하신 것을 힘써 지키라"

목사님이면서 의사로서 평생 의료 선교를 하다가 세상을 떠난 이일선 목사님을 소개합니다. 평생을 의료선교사로 헌신한 목사님은 한국의 슈바이처로 불립니다. 그는 슈바이처 박사의 생애와 사상에 크게 감동되어 슈바이처 박사처럼 살기를 원했습니다.

1945년 신일교회를 개척한 후에 목사님은 전국을 다니며 한센병 환자를 섬겼습니다. 그러다가 말로만 한센병 환자들을 위로하는 것이 아니라, 의술로 그들을 치료하여 실제적인 도움을 주고 싶었습니다. 그래서 1952년 서울대 의대에 진학해 피부과를 전공했습니다. 그는 아프리카에 있는 슈바이처 박사와 편지를 주고받은 후에 1958년과 1959년에 직접 아프리카로 찾아가

with Dr. Schweitzer who was in Africa, Lee personally visited Africa during the years of 1958 and 1959 to receive training for Hansen's disease from Dr. Schweitzer. After returning from his trip, Lee went in front of his church members and declared, "I have to leave you because the time has come for me to accept the Lord's calling." The congregation held back their tears and sent him as a missionary to Ulleung Island.

In 1957, while boarding a ship heading to Ulleung Island, Lee was met with a strong storm and the ship drifted for three days. Then he prayed, "Heavenly Father, if You save me from this peril, I will give my whole life to You and work for the salvation of the patients in Ulleung Island. May Your will be done."

Thankfully, due to adverse winds, the boat was able to reach Ulleung Island safely. At that time, the living conditions on Ulleung were extremely poor. It was so remote that people had to sail several hours in order to reach. There were more than 60 patients with Hansen's disease and about a third of the island's population suffered from tuberculosis.

서 슈바이처 박사로부터 한센병 교육을 받았습니다. 아프리카에서 돌아온 후 그는 교인들 앞에서 선포했습니다. "때가 되어 명령하시니 여러분과 헤어져야겠습니다." 성도들은 눈물을 삼키며 목사님을 울릉도 선교사로 보내드렸습니다.

목사님이 1957년 울릉도에 있는 한센병 환자를 돌보기 위해 가는 길에 태풍을 만나 사흘 동안을 표류하게 되었습니다. 그때 그는 이렇게 기도했습니다. "하나님, 이 죄인 혹여 살려주시면 울릉도 환자의 구령을 위해 한평생을 바치겠습니다. 주님 뜻대로 하옵소서!"

다행히 역풍이 불어와서 울릉도에 배가 안전하게 도착할 수 있었습니다. 당시 울릉도는 생활환경이 매우 열악했습니다. 수시간을 항해해야만 다다를 수 있는 외딴 섬이었습니다. 한센병 환자는 60명이 넘었고 인구 3분의 1이 결핵을 앓고 있었습니다.

Lee opened a medical clinic to treat the patients. However, some people began to criticize and spread malicious rumors about him. Some people claimed that Lee had an ambition to become a congressman or that he was going to rake in all of the money on Ulleung Island. Even though Lee treated his patients free of charge, the shamans and the oriental medical doctors criticized him. No matter what the people said, Lee was not swayed, continued to preach the gospel, improved the public's health, and treated the patients extensively. As a result, the number of tuberculosis patients decreased from 800 patients to 300 patients, and the number of patients with Hansen's disease reduced from 60 patients to 4 patients. A total of 7,000 people were treated by Pastor Lee.

Lee and his wife worked so hard for the patients in Ulleung Island that they did not pay attention to their own health. He and his wife suffered from spinal disk disorder and pelvic fractures, and underwent several surgical operations. When they went to the United States to get their operations, they were involved in a traffic accident. Lee also suffered from vocal cord tumor before went to be with the Lord.

목사님은 그 환자들을 치료하기 위해 병원을 개원했습니다. 그런데 오히려 목사님을 비판하고 나쁜 소문을 내는 사람들이 있었습니다. 국회의원이 되려는 야심이 있어서 선심을 쓴다느니 혹은 울릉도에 있는 돈을 다 쓸어모을 것이라는 얘기도 돌았습니다. 그가 무료진료를 하고 있는데도 기존 한의사들과 무당들은 그를 비난했습니다. 그러나 목사님은 사람들이 무슨 말을 하든지 개의치 않고 꿋꿋이 복음을 전하고 공중보건과 식생활 개선 사업을 하며 병자들을 치료해주었습니다. 그 결과 결핵 환자는 8백 명에서 3백 명으로, 한센병 환자는 60명에서 4명으로 줄었습니다. 총 7천 명의 환자가 목사님을 통해 치료를 받았습니다.

이일선 목사님 내외는 자기 몸을 돌보지 않으면서까지 울릉도의 환자들을 섬겼습니다. 두 분은 각기 척추디스크와 골반 골절을 겪으면서 여러 차례 수술을 받아야 했습니다. 목사님은 수술을 받으러 미국에 갔다가 교통사고를 당하기도 하고, 또 성대 종양으로 고생하다가 주님의 품에 안겼습니다.

These days, not many people remember Pastor Il-Sun Lee and the great deeds he performed. However, he was a great man of God who practiced the love of the Lord Jesus Christ throughout his life as a doctor and pastor on Ulleung Island.

Lee wrote the following in his memoirs: "I heard the voice of God telling me to work for the patients with Hansen's disease. I discussed it with my family but they refused to let me go. God continued to tell me to go and I could not ignore His calling. I said, "I will commit to God's plans and I do not mind what sacrifices I may have to make." Then I was filled with joy. I began to open my eyes to the true meaning of the cross!"

Before Lee took his last breath, he said, "I have the cross on my back but I am still able to sing praise." He died after singing his last praise offered to the Lord.

Our life on this earth is short that can disappear quickly. Therefore, let us stop living for ourselves and live for the glory of God by putting the love of the Lord into practice for our neighbors who are ill, wounded, and struggling.

지금은 이일선 목사님을 기억하는 사람이 많지 않습니다. 하지만 목사님은 울릉도에서 예수님의 섬김과 사랑을 실천하며 순교적 삶을 살았던 하나님의 위대한 사람이었습니다.

그의 회고록에는 다음과 같은 글이 기록되어 있습니다. "한센병 환자를 위해 일해야 한다는 하나님의 음성을 들었습니다. 가족과 의논해 봤으나 가족들이 거부했어요. 그러나 하나님의 음성이 계속되었고 주의 음성에 응답하지 않을 수 없었습니다. '내가 하겠나이다. 어떠한 희생도 좋습니다.'라고 고백하고 결단을 내리니 마음에 기쁨이 오고 십자가의 의미에 눈을 뜨는 것 같았습니다!"

이일선 목사님이 임종 전에 남기신 말씀입니다. "등에는 십자가가 있다. 그러나 입에는 노래가 있다." 그는 마지막으로 주님을 찬양한 후 임종을 맞았습니다.

우리는 모두 이 땅에서 금세 사라져버릴 짧은 인생을 살고 있습니다. 그러므로 이제 자신만을 위해 살지 말고 우리 주변에 병들고 상처 입고 고통당하는 이웃을 위해 주님의 사랑을 실천하며 하나님의 영광을 위해 살아가는 주님의 귀한 자녀들이 되기를 바랍니다.

The Benefits of Suffering

Psalm 119:71
It was good for me to be afflicted so that I might learn your decrees.

No one likes suffering. People will do anything to avoid suffering or afflictions in their lives. However, we cannot avoid suffering no matter how hard we try.

Many people become resentful and complain when they encounter hardships, and eventually become defeated. However, for Christians, suffering will ultimately bring benefits because suffering leads us to blessings that God has prepared for us.

2

고난의 유익

시편 119:71
고난 당한 것이 내게 유익이라 이로 말미암아 내가 주의 율례들을 배우게 되었나이다

고난을 좋아하는 사람은 없습니다. 누구나 고난이 다가오면 어떻게든 피하려고 합니다. 하지만 고난은 아무리 피하려고 해도 피할 수 없습니다.

그래서 많은 사람은 고난을 만났을 때 원망하고 불평하다가 결국 좌절해버립니다. 하지만 성도에게는 고난까지도 궁극적으로 유익이 됩니다. 고난이 우리를 하나님이 예비하신 축복으로 인도하기 때문입니다.

1. No suffering, no maturity

First, we cannot attain maturity without suffering.

Plants in the greenhouse seem to grow well without lacking anything at all, but they are not resistant to blight and cold winds because they have not gone through suffering. The plants that endure the wind and rain will grow stronger in poor conditions.

The same is true for humans. Students must study hard to go to the colleges they want. People who want to become healthier must exercise regularly. When I got my most recent medical check-up, the doctor instructed, "It is good to exercise more than 30 minutes a day to the point of being short of breath." For our physical well-being, we need to exercise and sweat.

Similarly, spiritual maturity does not come automatically. Our faith grows through the discipline of suffering. The Psalmist confesses that he learned more about God's decrees through his afflictions.

1. 고난 없는 성숙은 없다

첫째로, 고난 없으면 성숙도 없습니다.

온실에서 자란 화초는 부족함 없이 잘 자라는 것 같아도 병충해에 약하고 찬 바람을 맞으면 쉽게 시들어 버립니다. 고난을 겪지 않았기 때문입니다. 하지만 비바람을 맞으며 자란 화초는 열악한 환경에서도 굳건하게 잘 자랍니다.

사람도 마찬가지입니다. 학생은 열심히 공부해야 원하는 대학에 갈 수 있습니다. 건강하고 싶은 사람은 열심히 운동해야 합니다. 제가 건강검진을 받았을 때 의사 선생님이 "하루에 30분 이상은 숨이 찰 정도로 운동하는 게 좋습니다."라고 말했습니다. 육신의 건강을 위해 이처럼 운동하고 땀을 흘리는 수고가 필요합니다.

영적인 성숙도 저절로 되는 게 아닙니다. 고난이라는 훈련과정을 통하여 믿음이 자라나야 합니다. 시편 기자는 고난을 통해 주의 말씀을 배웠다고 고백합니다.

Psalm 119:71 says, *"It was good for me to be afflicted so that I might learn your decrees."*

When people are afflicted, they often complain about their environments, blame others, and wonder why such bad things happen to them. However, this attitude does not help them to overcome their suffering. It will only worsen their situation.

When Christians face hardships, they must reflect on themselves, maintain their faith, focus on the Lord, and trust in Him who makes us whole. We must trust in God's goodness, marching forward with faith and pondering about how our true and good God will discipline us through hardships to achieve His will.

When we do so, we can find God's good will even during our suffering. Our good God corrects us through the process of suffering and prevents us from going down the wrong path.

God instructed Jonah to go to Nineveh. However, Jonah set out to Tarshish instead and God used a violent storm to

시편 119편 71절입니다. "고난 당한 것이 내게 유익이라 이로 말미암아 내가 주의 율례들을 배우게 되었나이다"

사람들은 고난을 당하면 '왜 하필 나한테 이런 일이 생겼을까?'라고 생각하면서 환경을 원망하고 불평하며 남 탓을 하기도 합니다. 하지만 이런 태도는 고난을 해결하는 데 아무런 도움이 되지 않습니다. 오히려 고난의 상황을 더욱 악화시킬 뿐입니다.

믿음의 사람은 고난이 다가올 때 자신을 살펴보고 믿음의 주요, 온전케 하시는 주님을 바라보며 믿음으로 나아가야 합니다. 우리는 좋으신 하나님을 신뢰하며 이 고난을 통해 어떻게 나를 훈련하셔서 하나님의 뜻을 이루실지 기대하면서 믿음으로 전진해야 합니다.

그러면 고난 중에도 주님의 선하신 뜻을 발견할 수 있습니다. 좋으신 하나님은 고난의 과정을 통해 우리를 바로잡아 주시고 우리의 잘못된 방향을 바꿔주십니다.

하나님은 요나에게 니느웨로 가라고 명하셨습니다. 그런데 요나가 다시스로 가니까 풍랑이라는 고난을 통해 니느웨로 방

change Jonah's path to Nineveh. We, too, must look into ourselves when we are going through troubles. We must ask ourselves whether we are living a life that is pleasing to God, or whether we are on the wrong track that is against God's will.

Then, how can we reflect on ourselves? We must meditate on the Word in times of suffering and trouble. We must seek out the will, the grace, and guidance of the Lord through the Word.

Psalm 119:67 says, *"Before I was afflicted I went astray, but now I obey your word."*

We can detect our bad habits and flaws when we go through the Word of God. Then, we can correct our attitudes and walk on the right track. The Word is the compass and the navigation which we must use to lead our lives.

Therefore, we must look into ourselves more thoroughly when we go through suffering. As we can see the stains on our face when we look into the mirror, we must look

향을 돌리게 하셨습니다. 이처럼 고난이 다가왔을 때 우리는 우리 자신을 돌아봐야 합니다. 내가 주님이 기뻐하시는 삶을 살고 있는지, 혹은 주님의 뜻과 다른 잘못된 길을 가고 있지는 않은지 스스로 점검해봐야 합니다.

그렇다면 우리는 어떻게 자기 자신을 살펴볼 수 있을까요? 고난의 때 말씀을 묵상해야 합니다. 우리는 말씀 안에서 주님의 뜻과 은혜와 인도하심을 발견할 수 있습니다.

시편 119편 67절은 다음과 같이 말씀합니다. "고난 당하기 전에는 내가 그릇 행하였더니 이제는 주의 말씀을 지키나이다"

우리는 하나님의 말씀을 통해 우리의 잘못된 삶의 모습이나 나쁜 습관을 발견할 수 있습니다. 그리고 우리 자신을 바로잡고 올바른 길로 나아갈 수 있습니다. 말씀은 우리 인생의 나침반이며 내비게이션입니다.

그러므로 고난을 겪을 때 더욱 철저히 자신을 돌아보시길 바랍니다. 거울을 보면 얼굴에 무엇이 묻었는지 확인할 수 있는 것처럼, 말씀의 거울을 통해 영적으로 잘못된 점을 찾아야 합니다.

through the mirror of God's Word to find our spiritual flaws. We must correct them through the Word.

Psalm 119:50 says, *"My comfort in my suffering is this: Your promise preserves my life."*

Also, we must gain new strength through the Word that will help us overcome our difficulties. When we go through suffering, the Word gives us comfort, strength, power, and healing, and revives us from the place of deep hopelessness. Therefore, suffering is not a total defeat for us as long as we have the Word of God. Suffering may bring us temporary pain but it is the process that leads us to something better. Therefore, in times of suffering, we should tightly hold onto the Word of God and give thanks to God.

As Apostle Paul preached the gospel in Philippi, a female slave, who was possessed by a spirit, followed and bothered Paul for many days. Finally, Paul cast out the spirit from her. The owners of the female slave, who earned a great deal of money due to her ability to prophesy, realized that their hopes of making money were gone and thus, accused Paul and Silas for advocating unlawful customs. Paul and Silas

말씀을 통해 그것들을 바로잡아야 합니다.

시편 119편 50절입니다. "이 말씀은 나의 고난 중의 위로라 주의 말씀이 나를 살리셨기 때문이니이다"

또한 우리는 말씀을 통해 새 힘을 얻어 모든 어려움을 극복해야 합니다. 우리가 고난 중에 있을 때 말씀이 우리에게 위로와 힘과 치료와 능력을 주고 우리를 살려내는 것입니다. 그러므로 우리에게 말씀이 있는 한 고난은 절망이 아닙니다. 고난이 당장은 고통스럽지만, 우리를 더 나은 길로 인도해가는 과정입니다. 그러므로 우리는 고난 중에 하나님 말씀의 약속을 붙잡고 오히려 하나님께 감사와 찬양해야 할 것입니다.

바울이 빌립보에 복음을 전했을 때 귀신 들린 여종이 며칠 동안이나 바울을 따라다니며 방해했습니다. 이에 바울은 여종에게 있던 점치는 귀신을 쫓아냈습니다. 그러자 여종을 통해 많은 돈을 벌던 주인들은 자신들의 수익의 소망이 끊어졌음을 깨닫고, 바울과 실라가 이상한 풍습을 전한다는 혐의로 고발했습니다. 바울과 실라는 억울하게 많은 매를 맞고 감옥에 갇혔습니다. 그러나 그들은 "여기까지 복음을 전하러 왔는데 왜 이런 일이

were severely flogged and thrown into prison. Paul and Silas did not complain and did not hold grudges against God by saying, "We came here to Philippi to preach the gospel. Why are these things happening to us?" Instead of complaining in times of suffering, they praised and sang hymns to the Lord even during the night. Then a miracle happened.

Acts 16:25 says, *"About midnight Paul and Silas were praying and singing hymns to God, and the other prisoners were listening to them."*

Suddenly, an earthquake erupted and shook the foundation of the prison. All of the prison doors flew open and everyone's chains came loose.

Acts 16:26 says, *"Suddenly there was such a violent earthquake that the foundations of the prison were shaken. At once all the prison doors flew open, and everyone's chains came loose."*

I hope that we can praise the Lord when we fall into the prison of suffering. Sing praises to the Lord in the midst of deep

우리에게 일어납니까?"라며 하나님을 원망하거나 불평하지 않았습니다. 그들은 오히려 한밤중에 감옥에서 기도하고 감사하며 주님을 찬양했습니다. 그러자 기적이 일어났습니다.

사도행전 16장 25절입니다. "한밤중에 바울과 실라가 기도하고 하나님을 찬송하매 죄수들이 듣더라"

그때 갑자기 지진이 나서 감옥이 흔들렸습니다. 모든 옥문이 열리고 모든 사람의 손과 발에 매인 것이 다 풀어졌습니다.

사도행전 16장 26절입니다. "이에 갑자기 큰 지진이 나서 옥터가 움직이고 문이 곧 다 열리며 모든 사람의 매인 것이 다 벗어진지라"

고난의 감옥에서 주님을 찬양하시기 바랍니다. 말할 수 없는 고통과 깊은 절망의 상황에도 주님을 찬양하시기 바랍니다. 주

despair and excruciating pain. The Lord will hear your prayers and praise. He will shake the foundations of the prison of your suffering, loosen all of your chains, and open the prison doors.

Psalm 119:54-55 says, *"Your decrees are the theme of my song wherever I lodge. In the night, LORD, I remember your name, that I may keep your law."*

Vaccine shots are painful. Children who have received the shots before do not want to go back to the doctor's office. However, even though it brings us pain, the shot will keep us healthy by killing the pathogens and germs.

The same goes for the vaccine shots for suffering. The shots for suffering are painful, but the pain of the piercing needle into our spirits will kill all harmful viruses that have invaded us and bring us God's grace of healing and revival. Even through your suffering, I hope that you will lean onto the Lord and march forward in faith.

2. Suffering is a process that leads us to blessings

Secondly, suffering is a process that leads us to God's

님이 우리의 기도와 찬양을 들으시고 옥터를 흔들어 매인 것을 풀어주시고 닫혔던 문을 열어주실 것입니다.

시편 119편 54절과 55절은 말씀합니다. "내가 나그네 된 집에서 주의 율례들이 나의 노래가 되었나이다 야훼여 내가 밤에 주의 이름을 기억하고 주의 법을 지켰나이다"

주사는 본래 아픕니다. 그래서 주사를 맞아본 아이들은 병원에 가자고 하면 싫다고 말합니다. 하지만 주사가 아파도 결국 몸에 있는 병균을 죽이고 우리 몸을 건강하게 해줍니다.

고난의 주사도 마찬가지입니다. 고난의 주사가 주는 아픔은 우리 영혼 속에 들어와 있는 영혼의 병균을 죽이고, 우리를 치료하고 살려내는 하나님의 은혜를 가져옵니다. 그러므로 고난의 아픔을 이겨내십시오. 고난 중에 오직 주님만 바라보고 믿음으로 나아가는 여러분 모두가 되시기를 바랍니다.

2. 고난은 축복으로 가는 과정이다

둘째로, 고난은 우리를 하나님 축복으로 이끄는 과정입니다.

blessings.

Romans 5:3-4 says, *"Not only so, but we also glory in our sufferings, because we know that suffering produces perseverance; perseverance, character; and character, hope."*

Suffering is not something that is avoidable but something that is endured. When suffering comes, there is no other way than enduring it patiently. We must go through the suffering that brings about feelings of extreme spiritual loneliness and pain. The Psalmist cried out to the Lord in the times of suffering.

Psalm 119:84-85 says, *"How long must your servant wait? When will you punish my persecutors? The arrogant dig pits to trap me, contrary to your law."*

The Psalmist experienced so much pain that he wanted to know when he would die. He was under so much pain that he felt as if he was dying.

로마서 5장 3-4절은 다음과 같이 말씀합니다. "다만 이뿐 아니라 우리가 환난 중에도 즐거워하나니 이는 환난은 인내를, 인내는 연단을, 연단은 소망을 이루는 줄 앎이로다"

고난은 피하는 것이 아니라 견디는 것입니다. 고난을 당할 때 참고 견디는 것 외에는 다른 방법이 없습니다. 극한 영혼의 고독과 통증을 견뎌내며 고난의 시간을 통과해야 합니다. 시편 기자는 고난 중에 이렇게 부르짖었습니다.

시편 119편 84절과 85절입니다. "주의 종의 날이 얼마나 되나이까 나를 핍박하는 자들을 주께서 언제나 심판하시리이까 주의 법을 따르지 아니하는 교만한 자들이 나를 해하려고 웅덩이를 팠나이다"

시편 기자는 언제 죽을지 알고 싶을 정도로 심히 고통스러워했습니다. 고난이 너무 심해서 거의 죽게 되었다는 것입니다.

Even if you are going through the worst suffering or pain, I hope that you will hold onto the Word of God and march forward with faith. God will judge the wicked, deliver us from all despair, and open a highway to Zion before us.

Psalm 119:88 says, *"In your unfailing love preserve my life, that I may obey the statutes of your mouth."*

Our good God revives and saves us through our suffering. There is no suffering with no reason. So, we must carefully look for what God's will is and what His plan for us is through the suffering.

Joseph was loved by his parents and lived a comfortable life. However, as he talked about his dreams that God had given him, his brothers became jealous of him and hated him for his dreams. They even wanted to kill him. One day, when Joseph went to his brothers on errands for his father, his brothers sold him as a slave. Joseph, who was a 17 years old boy with many dreams, became a slave overnight. A time of unbearable suffering began for him.

그러한 고난이 다가왔다고 할지라도 약속의 말씀을 꼭 붙잡고 믿음으로 나아가시길 바랍니다. 하나님이 모든 악한 자를 심판하시고 우리를 위기에서 벗어나게 해주시며 우리 앞에 시온의 대로가 펼쳐지도록 만들어 주실 것입니다.

시편 119편 88절입니다. "주의 인자하심을 따라 나를 살아나게 하소서 그리하시면 주의 입의 교훈들을 내가 지키리이다"

좋으신 하나님이 고난을 통해서 우리를 살려내십니다. 이유 없는 고난이 없습니다. 그러므로 고난을 당할 때 하나님의 뜻과 우리를 향한 계획이 어디 있는지 잘 살펴봐야 합니다.

요셉은 부모님에게 사랑받으며 부족함이 없는 삶을 살았습니다. 하지만 요셉이 하나님이 주신 꿈을 이야기하자 형들이 그를 시기하고 질투했습니다. 심지어 그를 죽이려고까지 했습니다. 요셉이 아버지의 심부름으로 형들을 찾아갔을 때 그들은 요셉을 노예로 팔아버렸습니다. 꿈 많던 17세 소년인 요셉은 하루아침에 노예가 되고 말았습니다. 감당하기 힘든 고난이 시작된 것입니다.

Joseph cried and asked his brothers not to sell him but they turned their backs on him. At that time, living as a slave was as miserable as dying. Slaves were beaten daily and forced to work 365 days a year. When slaves became ill, they were thrown in the wilderness to be eaten by wild beasts. This was the life of a slave.

Although Joseph was sold as a slave, he did not complain or become resentful. He sought the will of God in the midst of his suffering and endured it with perseverance. He later gained the trust of his master and was put in charge of the master's household. But another hardship found Joseph when he was falsely accused and thrown into prison.

However, the Bible does not say that Joseph held a grudge against Potiphar's wife who had falsely accused him. There is no record about Joseph's resentment against his brothers or his accuser anywhere in the Bible.

Even though Joseph was falsely accused and thrown into prison, he did not become defeated because he trusted that God's will would prevail even during the suffering. He held onto the holy dreams that the Lord had given him and fully

요셉은 울면서 형님들에게 살려달라고 애원했지만, 형들은 그를 외면했습니다. 당시에 노예로 사는 것은 죽는 것과 다를 바 없을 만큼 비참한 삶이었습니다. 노예들은 일 년 365일 매 맞으며 일만 해야 했습니다. 병이 들면 광야에 버려져 짐승의 밥이 되는 것이 노예의 삶이었습니다.

그런데 요셉은 노예로 팔려 갔을 때도 원망하거나 불평하지 않았습니다. 그는 고난 속에서 하나님의 뜻을 찾으며 참고 견뎠습니다. 그러다 요셉이 주인에게 인정받고 집안 살림의 총책임자가 되었는데, 또 다른 고난이 그에게 다가왔습니다. 요셉은 억울하게 누명을 쓰고 감옥에 들어가게 된 것입니다.

그런데 성경을 보면 요셉이 감옥에 들어가서도 자신에게 누명을 씌운 보디발의 아내를 욕하거나 원망했다는 이야기가 없습니다. 그 어디에도 형들이나 그를 모함하고 고발한 자들을 원망한 이야기도 나오지 않습니다.

요셉은 비록 억울하게 누명을 쓰고 감옥에 갇혔지만, 고난 속에 주님의 뜻이 있다는 걸 알았기에 원망하지 않았던 것입니다. 그는 마음속에 주님이 주신 거룩한 꿈을 간직하고 주님만 믿고

trusted in the Lord alone. And in God's appointed time, God finally honored Joseph and put him in charge of the whole land of Egypt under the Pharaoh.

It is not easy to endure suffering for 13 years. When we hear that somebody has spoken ill of us, we flare up and start a fight. However, Joseph endured all of the suffering for 13 long years. To a 17-year-old young boy, 13 years of suffering must have been an exceedingly long time. The two final years may have been especially the hardest for Joseph.

While Joseph was in prison after being falsely accused, the chief cupbearer and the chief baker offended the Pharaoh of Egypt and they sent into the same prison as Joseph. The two officials had dreams on the same random night. Joseph interpreted their dreams. The cupbearer was to return to his previous position, whereas, the chief baker was destined to die. After hearing Joseph's interpretation, the chief cupbearer promised to mention Joseph to Pharaoh and free Joseph from prison. The cup bearer eventually returned to his previous position just as Joseph had said in his interpretation. However, after his release, the chief

의지했습니다. 그리고 하나님의 때가 이르자 마침내 하나님은 요셉을 높여주셔서 애굽의 총리가 되게 하셨습니다.

13년이라는 고난의 시간을 참아내는 것은 결코 쉬운 일이 아닙니다. 우리는 누구에게 조금만 억울한 말을 들어도 발끈하기 마련입니다. 요셉은 무려 13년 동안을 참고 또 참았습니다. 17살의 소년에게 13년은 실로 긴 시간이었을 것입니다. 13년 중에 가장 힘들었던 기간은 특히 마지막 2년이었을 것입니다.

그가 누명을 쓰고 감옥에 갇혀있을 때 애굽 왕 바로를 섬겼던 두 사람이 죄를 범하여 감옥에 들어왔습니다. 그중 한 명은 떡 맡은 관원장이었고, 다른 한 명은 술 맡은 관원장이었습니다. 하루는 그 두 사람이 모두 꿈을 꾸었습니다. 요셉이 그들의 꿈을 풀이해보니 술 맡은 관원장은 복직할 운명이었고 떡 맡은 관원장은 죽을 운명이었습니다. 요셉의 해몽을 들은 술 맡은 관원장은 자신이 복직하면 왕에게 말해서 요셉을 풀려나게 해주겠다고 약속했습니다. 술 맡은 관원장은 요셉의 해몽대로 복직되었습니다. 하지만 감옥을 나간 후에 그는 요셉을 까맣게 잊어버렸습니다.

cupbearer forgot about Joseph.

Genesis 40:21-23 says, *"He restored the chief cupbearer to his position, so that he once again put the cup into Pharaoh's hand— but he impaled the chief baker, just as Joseph had said to them in his interpretation. The chief cupbearer, however, did not remember Joseph; he forgot him."*

The chief cupbearer forgot about Joseph. He should have said to Pharaoh, "I met a young man in the prison who was falsely accused. He interpreted my dream and things turned out exactly as he interpreted. The boy is innocent and he must be released from the prison, Your Majesty." But the cupbearer did not say anything about Joseph, because he totally forgot about Joseph.

Unaware of this situation, Joseph must have waited for the good news of his release. He may have asked the prison warden every day, "Any news from the palace?" When the warden answered no, Joseph may have thought to himself, 'The cupbearer must have been busy. Maybe I might be able to leave tomorrow!' But the next morning, there would be no news. A day, a week, a month, and a year passed but

창세기 40장 21절에서 23절입니다. "바로의 술 맡은 관원장은 전직을 회복하매 그가 잔을 바로의 손에 받들어 드렸고 떡 굽는 관원장은 매달리니 요셉이 그들에게 해석함과 같이 되었으나 술 맡은 관원장이 요셉을 기억하지 못하고 그를 잊었더라"

술 맡은 관원장은 요셉을 잊었습니다. 그가 왕에게 "제가 감옥에 있었을 때 억울하게 누명을 쓰고 감옥에 들어온 한 소년을 만났습니다. 그가 내 꿈을 해석해주었고 그대로 되었습니다. 그 소년은 죄가 없으니 감옥에서 풀어줘야 합니다."라고 한마디만 해주면 되었습니다. 그런데 그가 요셉을 까맣게 잊어버려서 아무 말도 하지 않은 것입니다.

그러나 그 상황을 모르는 요셉은 풀려날 소식을 기다렸을 것입니다. 매일같이 간수장에게 "왕궁에서 아무런 연락이 없습니까?"라고 물었을 것입니다. 아무 소식이 없다고 하면 '아직 바빠서 그랬을 거야. 내일은 나갈 수 있겠지.'라고 생각하며 기대했을 것입니다. 다음 날 아침에도 아무 소식이 없었습니다. 그렇게 하루가 지나고 일주일이 지나고 한 달, 일 년이 지나도 아무 소

Joseph heard nothing. The wait must have been unbearably long and painful for Joseph but he was able to persevere. When he was 30 years old, God honored him. When God exalts someone, no one can bring him or her down. On the other hand, when God brings someone down, no one can bring him or her up. Therefore, we must be patient and wait for God's right time.

Genesis 41:38-41 says, *"So Pharaoh asked them, 'Can we find anyone like this man, one in whom is the spirit of God?' Then Pharaoh said to Joseph, 'Since God has made all this known to you, there is no one so discerning and wise as you. You shall be in charge of my palace, and all my people are to submit to your orders. Only with respect to the throne will I be greater than you.' So, Pharaoh said to Joseph, 'I hereby put you in charge of the whole land of Egypt.'"*

No one took care of Joseph during the long and hard 13 years. How difficult must it have been for Joseph to be sold to Egypt at the age of 17 and having to adjust to a different and foreign culture? Since he was a Hebrew slave in Egypt, we cannot imagine how terribly he must have been treated and trampled on. He must have been whipped and beaten

식이 없었습니다. 견딜 수 없을 정도로 긴 시간이었지만 요셉은 그 시간을 잘 참고 견뎠습니다. 그가 30살이 되었을 때 하나님이 그를 높여주셨습니다. 하나님이 높이시면 낮출 자가 없고, 낮추시면 높일 자가 없습니다. 그렇기에 우리는 인내하며 하나님의 때를 기다려야 합니다.

창세기 41장 38절로 41절입니다. "바로가 그의 신하들에게 이르되 이와 같이 하나님의 영에 감동된 사람을 우리가 어찌 찾을 수 있으리요 하고 요셉에게 이르되 하나님이 이 모든 것을 네게 보이셨으니 너와 같이 명철하고 지혜 있는 자가 없도다 너는 내 집을 다스리라 내 백성이 다 네 명령에 복종하리니 내가 너보다 높은 것은 내 왕좌뿐이니라 바로가 또 요셉에게 이르되 내가 너를 애굽 온 땅의 총리가 되게 하노라 하고"

요셉이 길고 고통스러운 13년을 보내는 동안 누구도 그를 돌봐주지 않았습니다. 그가 17살의 나이에 애굽에 팔려 왔을 때 말과 풍습이 다른 애굽 문화 속에서 얼마나 힘들었겠습니까? 애굽에서 히브리 노예로 살며 얼마나 짓밟히고 멸시당했겠습니까? 그가 조금만 실수해도 사정없이 등에 채찍이 내리쳐졌을 것입

mercilessly for the slightest mistakes.

However, no one ever had pity on Joseph and no one ever comforted him. He was all alone when he was thrown into prison. We do not accurately know how long he had been in prison prior to the 2 years he spent in prison after interpreting the dreams of Pharaoh's officials. For many years, Joseph persevered through his prison term alone and only depended on the Lord for comfort. This long period of loneliness and pain deepened his spiritual insight and turned him into a great man of the Lord.

Amidst our suffering, I hope that we can share an intimate relationship with the Lord. I hope that we can stand before the Lord genuinely and hold onto the His hand tightly. I hope that you can experience the Lord's help, healing, comfort, and restoration from His unfailing grace. I hope that you can experience the great grace of the Lord and understand how much the Lord loves you even when you go through the night of pain, loneliness, and sorrow.

니다.

그러나 그 누구도 요셉을 불쌍히 여기며 위로해주거나 돌봐주지 않았습니다. 감옥에 갇혔을 때도 그는 혼자였습니다. 꿈을 해몽해 준 후로 2년이 지났으니까 그전에 얼마나 오래 감옥에 있었는지는 정확히 알 수 없습니다. 아마도 요셉은 수년간을 감옥에서 홀로 견디며 오직 주님만 의지했을 것입니다. 그 긴 고독과 고통의 시간은 그로 하여금 자신의 영혼을 깊이 통찰하게 했고, 그를 하나님의 큰 사람으로 변화시켰습니다.

고난 중에 있을 때 우리도 주님과 깊은 교제를 나누게 되길 바랍니다. 주님 앞에 벌거벗은 모습으로 서서 주님의 손을 꼭 붙잡기를 바랍니다. 주님의 도우심을 받아 치료받고 위로받고 회복되는 은혜가 있기를 바랍니다. 힘들고 외롭고 슬픈 밤을 지나는 동안 주님이 나를 얼마나 사랑하시는지를 체험하게 되기를 바랍니다.

3. Walking with the Word in times of suffering brings prosperity

Finally, walking with the Word in times of suffering will bring us prosperity. The great power to overcome suffering is found in the Word of God. The Word of God is life. It is our source of power, grace, and light.

The Israelites were delivered from their 430-year-long slavery to the Egyptians by the amazing grace of God. Under Moses' leadership, it took them 40 years to arrive at the entrance of Canaan. But suddenly, God called Moses, saying, "You have completed your work well. Now put everything down and come to me." God took Moses away from the Israelites.

The Israelites were put in deep despondency and shock. They may have protested, "Why did You take Moses whom we have trusted and followed?" Although God appointed Joshua to succeed Moses as the new leader of the Israelites, they may have been dissatisfied with Joshua since they have heavily depended on Moses for 40 years. Joshua himself may have been full of fear when he had to take on the role

3. 고난 중에 말씀과의 동행은 형통을 가져온다

셋째로, 고난 중에 말씀과의 동행은 형통을 가져옵니다. 고난을 극복하는 위대한 능력이 하나님의 말씀에 있습니다. 하나님의 말씀은 생명입니다. 하나님의 말씀은 능력이고 은혜이고 빛입니다.

이스라엘 백성들이 430년 동안 애굽에서 종살이하다가 하나님의 놀라운 은혜로 애굽을 탈출했습니다. 모세를 따라 가나안 입구까지 가는 데 40년이 걸렸습니다. 그런데 갑자기 하나님이 모세에게 "너의 할 일을 다 했으니 이제는 그만 내려놓고 내게로 와라."라고 말씀하셨습니다. 그리고 모세를 데려가셨습니다.

이스라엘 백성들은 큰 허탈감과 충격에 빠졌습니다. "우리가 믿고 의지하고 따랐던 지도자 모세를 데려가면 어떻게 합니까?" 하나님이 모세의 뒤를 이어 여호수아를 세워주셨지만, 이스라엘 백성들은 40년 동안 모세만 바라보았기 때문에 여호수아가 눈에 들어오지 않았을지도 모릅니다. 여호수아도 자신이 수종 들던 영적인 거인이요 위대한 지도자였던 모세가 갑자기

as the leader in place of the great spiritual leader Moses. But then, God gave His Word to Joshua.

Joshua 1:7-8 says, *"Be strong and very courageous. Be careful to obey all the law my servant Moses gave you; do not turn from it to the right or to the left, that you may be successful wherever you go. Keep this Book of the Law always on your lips; meditate on it day and night, so that you may be careful to do everything written in it. Then you will be prosperous and successful."*

God provides us with His Word during the hardest and most difficult times. Therefore, I want you to follow the guidance of the Word especially during the most difficult moments of your life.

Psalm 119:105 says, *"Your word is a lamp for my feet, a light on my path."*

Even when we cannot see what is ahead of our lives in pitch darkness, when we cling onto the Word, the Word

자신의 곁을 떠나고 그의 역할을 대신 맡게 되니 두려움에 휩싸였을지도 모릅니다. 그런데 그때 하나님이 여호수아에게 말씀을 주셨습니다.

여호수아 1장 7절과 8절입니다. "오직 강하고 극히 담대하여 나의 종 모세가 네게 명령한 그 율법을 다 지켜 행하고 우로나 좌로나 치우치지 말라 그리하면 어디로 가든지 형통하리니 이 율법책을 네 입에서 떠나지 말게 하며 주야로 그것을 묵상하여 그 안에 기록된 대로 다 지켜 행하라 그리하면 네 길이 평탄하게 될 것이며 네가 형통하리라"

이처럼 하나님은 우리가 가장 힘들고 어려울 때 말씀을 주십니다. 그러므로 어려울 때일수록 말씀의 인도함을 따라 살아가는 여러분이 되시기를 바랍니다.

시편 119편 105절은 말씀합니다. "주의 말씀은 내 발에 등이요 내 길에 빛이니이다"

인생길이 흑암으로 뒤덮여서 앞이 안 보이는 것 같아도 말씀을 붙잡으면 말씀이 등불이 되어 우리의 갈 길을 밝혀줍니다. 슬

will become a lamp for our feet that will lead our ways. When we fall into depression and deep sadness, we have nothing to trust but the Word of God. When we hold onto the Word, it will rescue us from deep despair, comfort us from our sorrows and provide us with the power to overcome all of our difficulties.

Psalm 119:107 says, *"I have suffered much; preserve my life, LORD, according to your word."*

The Word of God saves us. The Word will lead us to the best direction when we hold onto His Word. Do not listen to what other people say in times of trouble. At times, people speak irresponsibly. They speak carelessly. Their words can leave us with deep scars. Do not be attached to every word they say but listen to the Word of the Lord. His Word is our refuge and our shield.

Psalm 119:114 says, *"You are my refuge and my shield; I have put my hope in your word."*

품과 절망에 빠졌을 때 우리가 믿고 의지할 것은 주님의 말씀밖에 없습니다. 말씀을 붙잡을 때 그 말씀이 우리를 절망에서 건져주고 슬픔에서 위로해주며 모든 어려움을 이기는 위대한 능력을 공급해줍니다.

시편 119편 107절입니다. "나의 고난이 매우 심하오니 야훼여 주의 말씀대로 나를 살아나게 하소서"

주의 말씀이 우리를 살립니다. 우리가 말씀을 붙잡고 나아갈 때 말씀이 우리를 가장 좋은 길로 인도해줍니다. 고난의 때에 사람들의 말에 귀를 기울이지 마십시오. 사람들은 종종 무책임하게 말합니다. 아무 말이나 함부로 합니다. 그런 말을 들으면 마음에 큰 상처를 받을 수도 있습니다. 사람들의 말에 연연하지 말고 주님 말씀에 귀를 기울이십시오. 주의 말씀이 우리의 은신처가 되고 우리의 방패가 됩니다.

시편 119편 114절입니다. "주는 나의 은신처요 방패시라 내가 주의 말씀을 바라나이다"

The Word upholds us, making the dreams and hopes of our lives to come true.

Psalm 119:116 says, *"Sustain me, my God, according to your promise, and I will live; do not let my hopes be dashed."*

No matter what kind of trouble may be lying ahead of you, stand up firmly by holding onto the promises of God's Word. March forward with faith and trust in the Word.

Isaiah 41:10 says, *"So do not fear, for I am with you; do not be dismayed, for I am your God. I will strengthen you and help you; I will uphold you with my righteous right hand."*

The Word will save us in the midst of our suffering and help us to overcome all difficulties.

I want to share a testimony of Ms. Ae-Kyung Hong, a deaconess of Suwon Onnuri Church, who lived in despair

말씀이 우리를 붙들어주고, 말씀이 우리의 꿈과 소망을 이루어줍니다.

시편 119편 116절입니다. "주의 말씀대로 나를 붙들어 살게 하시고 내 소망이 부끄럽지 않게 하소서"

그러므로 어떠한 고난이 앞을 가로막아도 약속의 말씀을 붙잡고 일어나십시오. 말씀을 의지하여 믿음으로 전진해 나가십시오.

이사야 41장 10절입니다. "두려워하지 말라 내가 너와 함께 함이라 놀라지 말라 나는 네 하나님이 됨이라 내가 너를 굳세게 하리라 참으로 너를 도와 주리라 참으로 나의 의로운 오른손으로 너를 붙들리라"

말씀이 고난 가운데 있는 우리를 살리고 모든 어려움을 이기게 해줄 것입니다.

큰딸을 잃고 절망 속에 살다가 주님의 말씀을 붙잡고 다시 일어난 수원 온누리교회 홍애경 집사님의 간증을 소개합니다. 집

after losing her eldest daughter but was able to overcome it by holding onto the Word of the Lord. Her father was a professor of music, which influenced her to major in piano. She worked as a drama script writer after graduating from her university. She got married and immigrated to the United States right after and had two daughters. To become a proud mother, she studied Oriental Medicine at South Baylor University(SBU) and worked as an oriental medicine doctor. She looked successful in every way.

However, trouble found a way to sweep her. Her eldest daughter, who was about to get married, was diagnosed with terminal cancer. Her daughter fought the cancer for two years before she passed away at the young age of 27. The most devastating part for Ms. Hong was that her daughter was a devoted Christian, who wholeheartedly served the Lord in contrast to her mother's worldly successful life. So Ms. Hong cried out to the Lord, "My God, why did You take Jennifer? You should have taken me instead." She prayed, cried and wailed to God.

One day, Ms. Hong fell to the ground, exhausted from all of the crying, and heard the voice of God. "Do you want

사님은 음대 교수인 아버지 밑에 태어나서 피아노를 전공했습니다. 대학 졸업 후에는 드라마 작가로 활동했습니다. 그러다 남편과 결혼하여 미국에 이민 가서 두 딸을 낳았습니다. 자랑스러운 어머니가 되기 위해, 집사님은 사우스베일로 한의과대학을 졸업하고 한의사로 일했습니다. 남들이 보기에는 승승장구하는 삶을 살았습니다.

그런데 집사님에게 큰 고난이 찾아왔습니다. 사랑하는 큰딸이 결혼을 앞두고 말기 암 판정을 받은 것입니다. 딸은 2년여 동안 암과 싸우다가 27살의 젊은 나이로 세상을 떠났습니다. 엄마인 자신은 세상의 성공을 좇아 살았지만, 그 딸은 주님을 잘 섬기는 신실한 크리스천이었다는 사실이 집사님을 더욱 절망에 빠뜨렸습니다. 그래서 집사님은 "하나님, 왜 저렇게 착한 제니퍼를 데려가셨습니까? 차라리 날 데려가셨어야죠!"라며 하나님 앞에 울부짖어 기도했습니다.

그러던 어느 날 집사님이 울다 지쳐 쓰러져 있을 때 주님의 음성이 들려왔습니다. "내가 너를 데려가지 않은 이유를 알고 싶

to know why I did not take you? If I had taken you, you would have gone to hell. I could not take you because you could not meet Jennifer again. So, I took Jennifer first. You need to live as a person who is worthy of entering heaven, too. Only then, you will be reunited with Jennifer again."

Ms. Hong felt a great shock as if she had been hit by a hammer. She was a Christian only by name. She was only a church-goer and a Sunday Christian. There is a difference between a true Christian and a Sunday Christian. In the United States, when people ask other people whether they believe in Jesus, they often ask, "Are you a born-again Christian?"

Before this encounter, Ms. Hong thought that she had been going to church for a long time and lived a successful life as a Christian. However, when she heard the voice of the Lord, she felt ashamed that she was rushing toward nothing but worldly success without even having the assurance of salvation. She repented with tears, wrapped up her life in the United States, and returned back to Korea. She started a new life that pleased the Lord. She began Quiet Time Bible study and shared her experiences with

니? 내가 너를 데려갔으면 너는 지옥에 갔을 거야. 그러면 너는 영원히 제니퍼를 만날 수 없었기에 너를 데려갈 수 없었어. 그래서 제니퍼를 먼저 데려온 거야. 그러니까 너도 이제부터 천국에 갈 수 있는 사람으로 살아야 해. 그래야 제니퍼를 만날 수 있어."

집사님은 망치로 머리를 맞은 듯한 큰 충격을 받았습니다. 지금까지 그녀는 단지 명목상 크리스천이었습니다. 그저 교회만 다니는 이름뿐인 크리스천이었던 것입니다. 진짜 크리스천과 이름뿐인 크리스천은 다릅니다. 그래서 미국에서 예수님을 믿느냐고 물을 때 이렇게 묻습니다. "당신은 거듭난 크리스천입니까?"

그전까지 집사님은 크리스천으로서 오랫동안 교회를 다니며 남들이 보기에 부족함 없는 성공적인 삶을 살았다고 생각했습니다. 그런데 주님의 음성을 듣고 보니 구원의 확신 없이 세상의 성공을 향해 달려갔던 자기 모습이 너무나 부끄러웠습니다. 그녀는 눈물로 회개하고 모든 것을 다 정리한 후에 한국으로 돌아왔습니다. 그리고 주님이 기뻐하시는 새 인생을 살기 시작했습니다. 집사님은 큐티를 시작했고 큐티 모임에서 권사님들과 체험을 나누면서 매일매일 말씀으로 무장하려고 노력했습니다.

other members on her QT team. She tried to arm herself with the Word every day. God poured so much grace onto her that He showed her all of her faults in the past and gave her another opportunity to live correctly. She has become a strong woman of faith who lives for her neighbors who are experiencing similar struggles that she once overcame.

Ms. Hong published her testimonial book, *A Woman Who Picks up Her Daily Manna*, in 2020. She says the following in her book.

"I thought that I would never be happy again but joy has begun to fill up my heart. I thought that I would never be thankful again but now I give thanks in all circumstances. … How can a woman like me, who was like a tax collector, dream of ever becoming the bride of Christ? I believe that a miracle has happened in my life and I know why it happened. My soul was revived by the Word. The Word has great power. The more I read the Bible, the greater its power is."

No maturity is attained without going through suffering. Never forget that suffering is nothing but a process that

그러자 하나님이 큰 은혜를 부어주셔서 과거에 잘못되었던 모습을 보여주시고 삶의 바른길로 집사님을 인도해 주셨습니다. 집사님은 자신처럼 고난을 겪는 이웃을 위해 살아가는 믿음의 사람이 되었습니다.

2020년에 집사님이 『오늘도 만나를 줍는 여자』라는 제목으로 간증집을 한 권 냈는데, 이 책에서 다음과 같이 고백했습니다.

"다시는 기뻐할 일이 없을 줄 알았는데, 내 마음에 기쁨이 차오르기 시작했다. 다시는 감사할 일이 없을 줄 알았는데, 모든 일이 감사했다. … 어떻게 세리 같던 내가 그리스도의 신부를 꿈꿀 수 있었는지, 내 삶에 기적이 일어난 것 같다. 하지만 난 그 이유를 안다. 말씀으로 내 영혼이 소생되었기 때문이다. 말씀은 이렇게 읽으면 읽을수록 놀라운 힘이 있다."

고난 없는 성숙은 없습니다. 고난은 우리를 축복으로 이끌어 가는 과정임을 잊지 마십시오. 우리 모두 고난을 통해 철저히 말

leads you to God's blessings. Keep your faith centered on the Word while going through suffering and be transformed into a great person of God. This is my earnest prayer for you in the name of the Lord.

씀 중심의 신앙을 갖게 되어 위대한 하나님의 사람으로 성장할 수 있기를 주님의 이름으로 축원합니다.

3

Teaching without Hindrance

Acts 28:30-31

For two whole years Paul stayed there in his own rented house and welcomed all who came to see him. He proclaimed the kingdom of God and taught about the Lord Jesus Christ—with all boldness and without hindrance!

Among the 66 books of the Bible, there is one book that does not end with a conclusion. It is the Book of Acts. Acts ends with *"He proclaimed the kingdom of God and taught about the Lord Jesus Christ—with all boldness and without hindrance!"* Professor John Stott said the following about this unfinished ending of Acts: "The Book of Acts was completed a long time ago. But the acts of the Christians will continue until the end of the age and their teaching will spread out to the ends of the earth." Preaching the

3

거침없이 가르치더라

사도행전 28:30-31
바울이 온 이태를 자기 셋집에 머물면서 자기에게 오는 사람을 다 영접하고 하나님의 나라를 전파하며 주 예수 그리스도에 관한 모든 것을 담대하게 거침없이 가르치더라

성경 66권 가운데 미완성으로 끝나는 책이 있습니다. 바로 사도행전입니다. 사도행전의 마지막 부분은 "하나님의 나라를 전파하며 주 예수 그리스도에 관한 모든 것을 담대하게 거침없이 가르치더라"라고 되어 있습니다. 이에 대해 존 스토트 교수님은 "사도행전은 오래전에 완성되었다. 그러나 예수님을 따르는 자들의 행전은 세상 끝날까지 계속될 것이며, 그들의 말은 땅끝까지 퍼져나갈 것이다."라고 설명했습니다. 이처럼 주의 복음을 전하는 일은 주님 오시는 날까지 미완성입니다. 우리가 이어

gospel about Jesus Christ is never finished until the Lord comes again. We must continue to write Acts Chapter 29.

1. The life welcoming with Love

Apostle Paul, who was taken to Rome, was placed under house arrest. Although he was not free from activity, many people came after hearing his news. He welcomed his visitors with love.

Acts 28:30 says, *"For two whole years Paul stayed there in his own rented house and welcomed all who came to see him."*

Many people come to us. Those who are in despair, those who are wounded, those who are facing problems and difficulties, or those who need help come to see us. When they come, we should not neglect a single person. Do not turn them away but greet them with the love of the Lord.

In the Bible, only the male adults were counted when recording the number of people. This means that only adult

서 사도행전 29장을 써야 합니다.

1. 사랑으로 맞이하는 삶

로마로 잡혀간 사도 바울은 가택에 연금되었습니다. 비록 활동이 자유롭지 않았지만 많은 사람이 그의 소문을 듣고 찾아왔습니다. 그는 자기를 찾아오는 사람들을 모두 사랑으로 맞이했습니다.

사도행전 28장 30절은 말씀합니다. "바울이 온 이태를 자기 셋집에 머물면서 자기에게 오는 사람을 다 영접하고"

많은 사람이 우리를 찾아옵니다. 절망에 처한 사람, 상처받은 사람, 문제와 어려움이 있는 사람, 도움이 필요한 사람 등 여러 사람이 우리를 찾아옵니다. 그들이 찾아올 때 우리는 한 사람도 소홀히 대하지 않아야 합니다. 그들을 외면하지 말고 주님의 사랑으로 맞이해야 합니다.

성경을 보면 사람의 수를 기록할 때 남자만 세었습니다. 이는 남자만 사회적으로 인정을 받았고 여자와 아이들은 그렇지 못

men were socially acknowledged, and women and children were not. This inequality existed during the same time as Jesus. However, Jesus came to the earth and corrected the inequality of society.

One day, people brought little children to Jesus for Him to place His hands on them and pray for them. But His disciples rebuked them and prevented them from coming near Jesus. However, Jesus rebuked the disciples instead.

Matthew 19:13-14 says, *"Then people brought little children to Jesus for him to place his hands on them and pray for them. But the disciples rebuked them. Jesus said, 'Let the little children come to me, and do not hinder them, for the kingdom of heaven belongs to such as these.'"*

Jesus never treated anyone who came to Him with neglect. Jesus embraced everyone who came to Him with warmth, including the sick, the wounded, the troubled. He solved all their problems. We, who are indebted to His love, should also welcome whoever comes to us and take care of them with love.

했다는 의미입니다. 예수님 당시에도 마찬가지였습니다. 그러나 예수님이 오셔서 사회의 불평등한 모습을 바로 잡으셨습니다.

어느 날 사람들이 예수님이 안수해주시길 바라며 아이들을 데려왔습니다. 그때 제자들이 그들을 꾸짖으며 가까이 오지 못하게 막았습니다. 하지만 예수님은 그런 제자들을 나무라셨습니다.

마태복음 19장 13절과 14절입니다. "그 때에 사람들이 예수께서 안수하고 기도해 주심을 바라고 어린 아이들을 데리고 오매 제자들이 꾸짖거늘 예수께서 이르시되 어린 아이들을 용납하고 내게 오는 것을 금하지 말라 천국이 이런 사람의 것이니라 하시고"

예수님은 자신에게 오는 사람들을 단 한 사람도 소홀히 대하지 않으셨습니다. 병든 사람, 문제 있는 사람, 상처 입은 사람, 누구든지 주님께 나오기만 하면 따뜻하게 안아 주시고 그들의 모든 문제를 해결해 주셨습니다. 사랑의 빚을 진 자로서 우리 역시 우리를 찾아오는 모든 사람을 사랑으로 맞이하고 돌봐야 합니다.

Jesus said in John 13:34-35, *"A new command I give you: Love one another. As I have loved you, so you must love one another. By this everyone will know that you are my disciples, if you love one another."*

Jesus said that when we practice love, nonbelievers will recognize this and say, "That person is a believer of Jesus and a disciple of Jesus." The church is a community of love. We must be united by the love of Jesus to take care of and comfort the wounded, the troubled, and the sick, and convey the love, healing, and forgiveness of the Lord.

Elder Won-Geun Lee, my grandfather, made every effort to practice the love of the Lord. We were living in Sangdo-Dong, Seoul, in the early 1960s. It was only a few years after the Korean War and people were having a very hard time. There was a hill behind our house, where people without a place to live dug caves on the hillside to live in. They built a door by putting a straw mat at the entrance of the cave and laid a straw mat in the house. My grandfather put rice in bags and took them out to these people every night. Then he put the bags at the entrance of those caves.

예수님은 요한복음 13장 34-35절에서 이렇게 말씀하셨습니다. "새 계명을 너희에게 주노니 서로 사랑하라 내가 너희를 사랑한 것 같이 너희도 서로 사랑하라 너희가 서로 사랑하면 이로써 모든 사람이 너희가 내 제자인 줄 알리라"

주님은 우리가 사랑을 실천할 때 믿지 않는 사람들이 "저 사람은 예수님을 믿는 사람이구나. 예수님의 제자구나." 하고 깨달을 수 있게 된다고 말씀하셨습니다. 교회는 사랑의 공동체입니다. 예수님의 사랑으로 하나 되어 상처 입은 사람, 문제 있는 사람, 병든 사람을 돌보고 위로하며 주님의 사랑과 치료와 용서를 전해야 합니다.

제 할아버님이신 이원근 장로님은 늘 사랑을 베푸는 데 힘쓰셨습니다. 1960년대 초에 우리 가족은 상도동에 살았습니다. 그 당시는 한국전쟁 직후라 모두가 어렵게 살던 때였습니다. 우리 집 뒤에 산이 있었는데 그곳에는 갈 곳 없는 사람들이 굴을 파서 살고 있습니다. 굴 입구에 가마니를 달아 문을 만들고 집 안에도 가마니를 깔고 살았습니다. 할아버지는 밤만 되면 자루에 쌀을 담아 밖으로 나가셨습니다. 그리고 그 쌀자루를 뒷산 굴 입구에 놓고 오셨습니다.

Mysteriously even though my grandfather did not put his name tag on the bags of rice, they would bring the bags back to our house when they ran out of the rice. My grandfather asked them, "How did you find out it was me?" They would reply, "Who else in this neighborhood could have done it except you, Elder?" Then, without saying anything, my grandfather filled the empty bag with rice and sent them back. This beautiful image of my grandfather serving his community lives inside my head.

Why is there a problem in our society? Because we just want to receive something from others. Why do husbands and wives quarrel and fight? It is because they want to receive instead of giving. Love is to serve and give. It is love to share what we have rather than to expect something from the other person. Problems and conflicts disappear when we make love by giving.

In Acts Chapter 16, Paul wanted to go to Asia Minor to preach the gospel but the Holy Spirit did not let him. At Troas, during the night, Paul had a vision of a man from Macedonia, standing and begging him, "Come over

신기한 것은 쌀자루에 이름이 붙어있는 것도 아닌데 쌀이 떨어지면 사람들은 빈 쌀자루를 들고 어김없이 저희 집으로 찾아오는 것이었습니다. "어떻게 알고 오셨냐?"라고 할아버지께서 물으시면 "이 동네에서 장로님 말고 이런 일 하실 분이 누가 있나요?"라고 되물었습니다. 그러면 할아버님은 아무 말 없이 빈 자루에 쌀을 가득 채워서 돌려보내셨습니다. 할아버님의 아름다운 섬김의 모습이 지금도 머릿속에서 지워지지 않고 있습니다.

우리 사회에 왜 문제가 있습니까? 서로 받으려고만 하니까 그렇습니다. 사랑하는 부부간에 왜 갈등이 생기고 다툼이 생깁니까? 서로 받으려고만 하기 때문입니다. 사랑은 섬기고 베푸는 것입니다. 상대방에게 무엇을 기대하기보다는 자신이 가진 것을 나누는 것이 사랑입니다. 그렇게 사랑을 나눌 때 문제와 갈등이 사라지는 것입니다.

사도행전 16장을 보면 아시아에서 복음 전하기를 원하는 사도 바울을 성령님이 막으시는 내용이 나옵니다. 드로아에 머물러 있던 사도 바울이 어느 날 밤에 마게도냐 사람이 그에게 "마게도냐로 건너와서 우리를 도우라"라고 요청하는 환상을 보았

to Macedonia and help us." This area is known today as Greece.

Acts 16:9 says, *"During the night Paul had a vision of a man of Macedonia standing and begging him, 'Come over to Macedonia and help us.'"*

Eventually, Paul changed his course from Asia and went to Europe to preach the gospel. Through this, the gospel spread throughout Europe and then across the world even to the United States.

The love of the Lord is spread when the gospel is proclaimed. When the love is proclaimed, there will be the healing and freedom of the Lord. If we proclaim this amazing gospel that the Lord saved us through the cross, dead souls will be revived. Problems will be resolved. We will be blessed both spiritually and physically, and our surroundings will be blessed, too. Therefore, we must eagerly preach about the love of the Lord Jesus.

We are living in the multicultural era here in Korea.

습니다. 마게도냐는 지금의 그리스 지역을 말합니다.

사도행전 16장 9절의 말씀입니다. "밤에 환상이 바울에게 보이니 마게도냐 사람 하나가 서서 그에게 청하여 이르되 마게도냐로 건너와서 우리를 도우라 하거늘"

결국 사도 바울은 아시아로 가려던 발걸음을 옮겨서 유럽으로 건너가서 복음을 전했습니다. 이를 통해 복음이 온 유럽에 증거되었고 미국으로 건너간 뒤 전 세계에 전파되었습니다.

복음이 증거될 때 주님의 사랑이 함께 전해집니다. 그 사랑이 전해질 때 주님의 치료와 자유가 임하게 됩니다. 주님이 십자가를 통해 우리를 구원하신 이 놀라운 복음을 전하기만 하면 죽었던 생명이 살아납니다. 문제가 해결됩니다. 영혼이 잘됨같이 범사가 잘되며 강건하게 되는 축복이 임합니다. 그러므로 우리는 힘써 주님의 사랑을 전해야 합니다.

한국은 다문화 가족 시대에 돌입했습니다. 문화도 낯설고 언

There are many workers who come to Korea and work in a country with an unfamiliar culture and a foreign language. We have to serve them with love. If they turn into Christians, they can return to their own country in the future to preach the gospel and change their native countries. Even deep areas which missionaries cannot enter can hear of the gospel through them.

2. The life preaching the kingdom of God

Paul served all who came to him in the rented house with love and preached the kingdom of God to them. After believing in Jesus, we need to proclaim the kingdom of God. Acts 28:31a says, *"He proclaimed the kingdom of God …."* The kingdom of God means the kingdom over which God reigns. We will return to His heavenly kingdom. We are none other than pilgrims in this world. Therefore, we must testify to the kingdom of God and our eternal home, heaven.

Paul lived a life of testifying to the kingdom of God. Acts 28:23 says, *"They arranged to meet Paul on a certain day, and*

어가 잘 통하지 않는 우리나라에 와서 일하는 노동자가 많습니다. 우리는 그들을 사랑으로 섬겨야 합니다. 그들이 그리스도인으로 변화된다면 훗날 자기 나라로 돌아가서 복음을 전하고 그 나라를 변화시킬 수 있습니다. 선교사들이 들어가지 못하는 깊숙한 지역까지도 그들을 통해 복음을 들을 수 있습니다.

2. 하나님 나라를 전파하는 삶

사도 바울은 셋집에서 자기를 찾아오는 모든 사람을 사랑으로 섬기고 그들에게 하나님 나라를 전파했습니다. 우리도 예수님을 믿고 난 다음 하나님 나라를 전파해야 합니다. 성경은 사도행전 28장 31절에서 "하나님의 나라를 전파하며"라고 말씀합니다. 하나님 나라는 하나님이 통치하시는 나라입니다. 우리가 장차 돌아갈 우리의 본향입니다. 이 땅은 나그네로 와서 잠시 머무는 곳에 불과합니다. 그렇기에 우리는 돌아갈 본향인 하나님 나라, 즉 천국을 증언해야 합니다.

사도 바울은 하나님 나라를 증언하는 삶을 살았습니다. 사도행전 28장 23절입니다. "그들이 날짜를 정하고 그가 유숙하는

came in even larger numbers to the place where he was staying. He witnessed to them from morning till evening, explaining about the kingdom of God, and from the Law of Moses and from the Prophets he tried to persuade them about Jesus."

When Jesus started His public ministry, His first words were about the kingdom of God. Matthew 4:17 says, *"From that time on Jesus began to preach, 'Repent, for the kingdom of heaven has come near.'"*

Luke 8:1 says, *"After this, Jesus traveled about from one town and village to another, proclaiming the good news of the kingdom of God. The Twelve were with him."*

The kingdom of God is the kingdom of healing and grace of recovery. It is a place that overflows with joy, peace, and happiness all the time. Isaiah described the kingdom of heaven. Isaiah 11:6-8 says, *"The wolf will live with the lamb, the leopard will lie down with the goat, the calf and the lion and the yearling together; and a little child will lead them. The cow will feed with the bear, their young will lie down together, and the lion will eat straw like the ox. The infant will play near the cobra's*

집에 많이 오니 바울이 아침부터 저녁까지 강론하여 하나님의 나라를 증언하고 모세의 율법과 선지자의 말을 가지고 예수에 대하여 권하더라"

예수님이 이 땅에 오셔서 공생애를 시작하시면서 처음으로 선포하신 말씀이 바로 하나님 나라에 관한 것이었습니다. 마태복음 4장 17절입니다. "이 때부터 예수께서 비로소 전파하여 이르시되 회개하라 천국이 가까이 왔느니라 하시더라"

누가복음 8장 1절에서도 다음과 같이 말씀합니다. "그 후에 예수께서 각 성과 마을에 두루 다니시며 하나님의 나라를 선포하시며 그 복음을 전하실새 열두 제자가 함께 하였고"

예수님이 선포하신 하나님의 나라는 치료와 회복의 은혜가 있는 나라입니다. 기쁨과 평안 그리고 소망이 넘쳐나는 나라입니다. 하나님 나라의 모습을 이사야 11장 6-8절은 다음과 같이 묘사합니다. "그 때에 이리가 어린 양과 함께 살며 표범이 어린 염소와 함께 누우며 송아지와 어린 사자와 살진 짐승이 함께 있어 어린 아이에게 끌리며 암소와 곰이 함께 먹으며 그것들의 새끼가 함께 엎드리며 사자가 소처럼 풀을 먹을 것이며 젖

den, and the young child will put its hand into the viper's nest."

There is nothing evil in the kingdom of God. There is nothing that hurts or harms us. On the other hand, there is wickedness in human society so people trample over one another and hurt others. There are terrible crimes such as killing people they do not even know with a knife. However, there is no such injury or murder in God's kingdom, and true freedom and peace are overflowing.

Someday we will live in the heavenly kingdom for eternity. But we have until then a mission to expand the kingdom of God on earth. In order to do so, we must transform our hearts into the kingdom of God first. The kingdom of God should be in our hearts.

Luke 17:20-21 says, *"Once, on being asked by the Pharisees when the kingdom of God would come, Jesus replied, 'The coming of the kingdom of God is not something that can be observed, nor will people say, 'Here it is,' or 'There it is,' because the kingdom of God is in your midst.'"*

먹는 아이가 독사의 구멍에서 장난하며 젖 뗀 어린 아이가 독사의 굴에 손을 넣을 것이라"

하나님의 나라에는 악한 것이 없습니다. 상처 주고 해를 입히는 것도 없습니다. 이 세상은 악행이 난무하고 남을 짓밟고 상처를 입히는 일이 허다합니다. 심지어 안면조차 없는 사람을, 평소에 알지도 못하는 사람을 칼로 찔러 죽이는 끔찍한 범죄도 일어나고 있습니다. 그러나 하나님 나라에는 이와 같은 상해도, 살생도 없고 참된 자유와 평화가 넘쳐납니다.

언젠가 우리는 천국에서 영원히 살게 될 것입니다. 그러나 그때까지는 이 땅에 하나님 나라를 확장해야 할 사명이 있습니다. 그러기 위해서는 먼저 우리 마음이 하나님 나라로 변화되어야 합니다. 하나님 나라가 우리 마음에 임해야 합니다.

누가복음 17장 20-21절입니다. "바리새인들이 하나님의 나라가 어느 때에 임하나이까 묻거늘 예수께서 대답하여 이르시되 하나님의 나라는 볼 수 있게 임하는 것이 아니요 또 여기 있다 저기 있다고도 못하리니 하나님의 나라는 너희 안에 있느니라"

When heaven enters our hearts, we can rejoice, live in gratitude, and praise the Lord because righteousness, peace and joy are overflowing within us. If we have peace in our hearts, we can deliver the love of the Lord and forgive others. However, if heaven is not in our mind, we will live a painful, distressed, and hurtful life. When our hearts are filled with the Holy Spirit and the kingdom of God comes to our hearts, we can love, forgive, rejoice, and live for the glory of the Lord. Therefore, the kingdom of the Lord must be in our hearts, families, workplaces, and in the places where we stand. When we live such a life, God's glory will appear through us.

Matthew 24:14 says, *"And this gospel of the kingdom will be preached in the whole world as a testimony to all nations, and then the end will come."*

The Lord said that He would come again when the gospel reached all corners of the earth. There are still many people who have not yet heard about Jesus Christ. Therefore, we must preach the gospel during the season and during the off season.

우리 마음에 천국이 임하면 의와 평강과 희락이 넘쳐나서 기뻐하고 감사하고 주님을 찬양하며 살아갈 수 있습니다. 우리 마음에 평안이 있으면 주님의 사랑을 전하고 용서하며 살아갈 수 있습니다. 그러나 마음에 천국이 임하지 않으면 고통스럽고 괴롭고 상처투성이의 인생을 살게 됩니다. 성령으로 충만 받아 우리 마음에 하나님의 나라가 임하게 될 때 우리는 사랑하고, 용서하고, 기뻐하고, 주님의 영광을 위해 살 수 있습니다. 그러므로 우리 마음 가운데, 우리 가정에, 직장에, 그리고 내가 서 있는 그곳에 주님의 나라가 임해야 합니다. 우리가 그런 삶을 살 때 우리를 통해 하나님의 영광이 나타나게 될 것입니다.

마태복음 24장 14절은 다음과 같이 말씀합니다. "이 천국 복음이 모든 민족에게 증언되기 위하여 온 세상에 전파되리니 그제야 끝이 오리라"

주님은 우리가 하나님 나라의 복음을 세상 끝까지 전할 때 다시 오시겠다고 말씀하셨습니다. 아직도 이 세상에 예수님을 믿지 않는 사람이 얼마나 많은지 모릅니다. 우리는 때를 얻든지 못 얻든지 이들에게 복음을 증거해야 합니다.

Missionary David Livingstone, who was dedicated to Africa, was born in Scotland and grew up in a difficult environment. He had to stay in a single room with seven brothers, and from the age of ten, he had to work as a factory worker. Then, he met the Lord. He confessed, "I will devote my life to the Lord," and dedicated himself to become a missionary.

Then, he studied theology and medicine, and was sent out as a medical missionary by the London Missionary Society. He hoped to go to China at first, but the First Opium War made it difficult for him to go. So, he changed the destination of his missionary work. Just as God changed Paul's destination from Asia to Europe, God turned Livingstone's steps from China to Africa.

He arrived at Cape Town, the southernmost part of Africa, on March 14, 1841, where he preached the gospel and explored Africa for 15 years. He also did his best to eradicate the slave trade by informing the British society of the terrible realities revolving the slave trade. Above all, he worked on the medical treatment of indigenous African people. Livingstone lived with the people of Africa for 34

아프리카를 위해 헌신했던 데이비드 리빙스턴 선교사는 스코틀랜드 태생으로 어린 시절을 어려운 환경 속에서 자랐습니다. 단칸방에서 일곱 명의 형제들과 함께 지내야 했고, 열 살 때부터는 공장에서 직공으로 일해야 했습니다. 그때 그는 주님을 만났습니다. 그리고 "내 일생을 주님께 바치겠습니다."라고 고백하며 선교사로 헌신했습니다.

이후 그는 신학과 의학을 공부해서 런던 선교회로부터 의료 선교사로 파송을 받았습니다. 처음엔 중국으로 가려고 했지만, 아편전쟁으로 인해 중국으로 가기 어려운 상황이 되어 선교의 방향을 돌렸습니다. 하나님은 바울의 선교 방향을 아시아에서 유럽으로 바꾸셨듯이 리빙스턴의 발걸음을 중국에서 아프리카로 돌리셨습니다.

그는 1841년 3월 14일 아프리카 최남단 케이프타운에 도착하여 15년 동안 아프리카 내륙을 여행하면서 복음을 전했습니다. 또한 노예무역의 처참한 실상을 영국 사회에 알림으로써 노예무역이 근절되도록 최선을 다했습니다. 그는 무엇보다도 원주민 진료에 힘썼습니다. 리빙스턴 선교사는 34년 동안 아프리카의 사람들과 생활하면서 가는 곳마다 교회를 세우고 복음을 전

years, where he built churches and preached the gospel wherever he went.

During that time, there were no paths or roads to travel in Africa. In order to cross from the east to the west, he had to go through the jungle. He went through long, rough journeys to preach the gospel, even though it took him months. During the last years of his mission, contact with Livingstone was cut off in the deep jungles of Zambia. To confirm his status, the New York Herald sent a journalist, Henry Stanley, as a correspondent.

After traveling for several months, Stanley found Livingstone, lying up with a high fever in the jungle. Stanley said to Livingstone earnestly, "Sir, you have already dedicated yourself for the evangelization of Africa for 30 years. Why don't you go back to England with me?" Livingstone replied, "No, sir. To me, the missionary work in Africa was not a sacrifice but a great privilege that God has given to me. Whenever I think about this glorious work God has entrusted to me, I am overwhelmed with awe and gratitude!"

했습니다.

그 당시 아프리카에는 제대로 된 길도 없을 때였습니다. 동서로 횡단하려면 정글을 헤쳐가야 했습니다. 복음을 전하기 위해 멀고 험한 길을 몇 달이 걸리더라고 헤쳐나갔습니다. 그런데 선교 말년에 잠비아의 깊은 밀림에서 그의 소식이 끊겼습니다. 리빙스턴 선교사의 생사를 확인하기 위해 뉴욕 헤럴드지에서는 스탠리 기자를 특파원으로 파견했습니다.

스탠리 기자는 수개월을 헤맨 끝에 밀림 속에서 심한 열병을 앓고 있는 리빙스턴 선교사를 만났습니다. 스탠리 기자가 간곡히 권면했습니다. "선교사님, 당신은 아프리카의 복음 사역을 위해 이미 30년간 헌신해 오셨습니다. 이제 저와 함께 본국으로 돌아가시는 것이 어떻겠습니까?" 그때 리빙스턴 선교사가 이같이 대답했습니다. "아닙니다. 제게 있어서 아프리카의 선교는 저의 헌신이 아니라 하나님이 제게 주신 특권입니다. 저는 하나님이 맡기신 이 일을 생각할 때마다 감사하고 가슴이 벅차서 견딜 수가 없습니다!"

A year later, on May 1, 1873, Livingstone died beside his humble bed with his knees knelt as if he had been praying to God. He was 60 years old.

Later, in remembrance of his encounter with Livingstone, Stanley said, "I lived with Livingstone in the same hut for four months and four days, getting on the same boat and sleeping in the same tent. But I could not find any flaws in him. When I had set out to Africa, I had been the least faithful person in London, having distorted prejudices against Christianity. While I spent a few months with him, I felt as if I was being absorbed in him. Even though he did not force Christianity on me, I was getting closer to conversion, being inspired by his godliness, kindness, passion, honesty, and faithfulness in doing his best whether it was recognized or not."

3. The life teaching about the Lord Jesus Christ

Apostle Paul served those who came to him with love, spoke about the kingdom of God, and lived a life of preaching Jesus. Acts 28:31b says, *"and taught about the Lord*

이 고백을 한 후 1년이 지난 1873년 5월 1일, 리빙스턴 선교사는 자신의 허름한 침대 옆에서 무릎을 꿇고 기도하던 그 모습 그대로 하나님의 부르심을 받았습니다. 당시 그의 나이 60세였습니다.

스탠리 기자는 리빙스턴 선교사와의 만남을 이렇게 회고했습니다. "넉 달 하고도 나흘 동안 리빙스턴 선교사와 같은 오두막에서 살았고, 같은 배를 탔고, 같은 텐트에서 지냈다. 그러나 그에게서 어떤 결점도 찾을 수 없었다. 나는 런던에서 가장 신앙심이 없는 사람이었으며 기독교에 대해 편견을 가지고 아프리카로 갔다. 그런데 그와 몇 개월을 같이 지내는 동안 나는 나 자신이 그에게 빨려 들어가는 것을 느꼈다. 그의 경건과 친절과 열정과 정직과 아무도 알아주지 않아도 묵묵히 자기 일을 해나가는 것을 보고 그가 나를 전도하려 하지 않았지만 나는 조금씩 조금씩 회심하고 있었다!"

3. 예수 그리스도에 대해 가르치는 삶

사도 바울은 자신을 찾아오는 사람을 사랑으로 섬기고, 하나님 나라에 대해서 가르쳤고, 예수님을 전하는 삶을 살았습니다. 사도행전 28장 31절은 이같이 말씀합니다. "주 예수 그리스도

Jesus Christ—with all boldness and without hindrance!"

And Paul confessed as follows. Acts 20:24 says, *"However, I consider my life worth nothing to me; my only aim is to finish the race and complete the task the Lord Jesus has given me—the task of testifying to the good news of God's grace."*

We must proclaim Jesus, who is far more precious than our lives. We must proclaim Jesus, who died for us on the cross and shed His blood. We must teach people we meet about the Lord Jesus.

John 14:6 says, *"Jesus answered, 'I am the way and the truth and the life. No one comes to the Father except through me.'"*

We must accept Jesus into our hearts and be children of God. And then, we must live as the witnesses of the gospel of the Lord. Livingstone loved Jesus so much that he gave his whole life for the gospel of the Lord. Paul also loved Jesus so much that he gave his whole life. Likewise, we

에 관한 모든 것을 담대하게 거침없이 가르치더라"

그리고 사도 바울은 사도행전 20장 24절에서 다음과 같이 고백했습니다. "내가 달려갈 길과 주 예수께 받은 사명 곧 하나님의 은혜의 복음을 증언하는 일을 마치려 함에는 나의 생명조차 조금도 귀한 것으로 여기지 아니하노라"

우리는 우리의 생명보다 더 귀한 예수님을 전해야 합니다. 우리를 위해 십자가에서 피 흘려 돌아가신 예수님을 전해야 합니다. 만나는 사람에게 예수님을 전하고 예수님을 가르쳐야 합니다.

요한복음 14장 6절에서 주님은 말씀하셨습니다. "예수께서 이르시되 내가 곧 길이요 진리요 생명이니 나로 말미암지 않고는 아버지께로 올 자가 없느니라"

마음에 예수님을 영접하고 하나님의 자녀가 되어야 합니다. 그리고 힘껏 주의 복음을 전하는 증인으로 살아야 합니다. 리빙스턴 선교사는 예수님을 사랑했기에 주의 복음을 위해 그의 삶 전체를 드렸습니다. 사도 바울도 예수님을 사랑했기에 자신의

must love Jesus for our entire lives and live for the Lord so that we can go before the Lord proudly when He calls us.

In October, 1917, Lenin led the Bolshevik Revolution in Russia, overturning the Russian Empire and establishing the Communist government. Lenin declared that USSR would become a utopia. 75 years later, however, the USSR suffered and was one of the most financially unstable countries. The communist officials enjoyed a rich life while most of the people suffered through poverty. When I went to Moscow several times in 1993 to start a seminary in Moscow, the average monthly income of the people was US $20. During that time, Russians only ate two meals a day. They could only afford to eat a hard roll of bread twice a day as two meals.

When a nation turns away from Jesus, it will end up with poverty and misery. On the other hand, when Jesus comes to a nation and becomes the Lord of its people, the nation will be restored. Loren Cunningham wrote the book, titled, *The Book That Transforms Nations: The Power of the Bible*

삶 전체를 드렸습니다. 마찬가지로 우리도 예수님을 한평생 사랑하고 주님을 위해 살다가 주님이 오라 부르실 때 주님 앞에 갈 수 있어야 합니다.

1917년 10월, 레닌이 볼셰비키 혁명을 일으켜서 러시아 제국을 무너뜨리고 공산국가를 세웠습니다. 그는 러시아를 유토피아로 만들겠다고 했습니다. 그러나 75년 후 러시아는 세계에서 경제적으로 가장 고통받는 나라 중 하나로 몰락하게 되었습니다. 공산당원들은 호화로운 생활을 했지만, 국민 대부분은 가난 속에 허덕이게 되었습니다. 1993년 신학교 설립을 위해 제가 여러 차례 모스크바를 방문했을 당시 러시아의 한 달 생활비는 20달러였습니다. 당시 러시아 사람들은 식사를 하루에 두 끼밖에 먹지 못했습니다. 딱딱한 빵 하나가 한 끼 식사였는데 그것도 없어서 하루에 두 끼만 먹었던 것입니다.

예수님을 떠난 나라는 이처럼 절망과 가난과 저주로 뒤덮이게 됩니다. 예수님이 그 나라에 오셔서 백성들의 마음 가운데 주인이 되어주시면, 그 나라는 살아납니다. 로렌 커닝햄 목사님은 『열방을 변화시키는 하나님의 책』에서 이렇게 말했습니다. "하나님은 모든 나라, 모든 문제에 대한 해답이다! 하나님은 그 나

to Change Any Country. As the conclusion of his book, Cunningham writes: "God is the answer to all nations and all of their problems! God wants to revive and recover all nations. Jesus Christ is the source of life and healing. We must come to know Jesus through the Word of God and meet Jesus in every chapter of the Bible!"

Like Apostle Paul, who met Jesus and was transformed, healed, and given new strength, we hope to be the precious servants of the Lord who live for God's glory. I hope that we will repent of the past days of living a selfish life while saying that we love Jesus, and now live a life of conveying Jesus we met for the glory of God.

라를 살리시고, 회복시키시기 원하신다. 모든 생명과 치유의 근원은 예수님이시다. 우리는 하나님 말씀을 통해 예수님을 알아야 하고, 성경의 모든 장에서 예수님을 만나야 한다!"

예수님을 만나 변화되고, 치료받고, 새 힘을 얻은 사도 바울처럼 우리도 하나님의 영광을 위해 사는 주님의 귀한 일꾼이 되기를 바랍니다. 예수님을 사랑한다고 하면서도 이기적인 삶을 살아왔던 지난날을 회개하고 이제는 하나님의 영광을 위해서 내가 만난 예수님을 전하는 삶을 사시기를 바랍니다.

The Reasons of Life

Philippians 3:7-14

But whatever were gains to me I now consider loss for the sake of Christ. What is more, I consider everything a loss because of the surpassing worth of knowing Christ Jesus my Lord, for whose sake I have lost all things. I consider them garbage, that I may gain Christ and be found in him, not having a righteousness of my own that comes from the law, but that which is through faith in Christ—the righteousness that comes from God on the basis of faith. I want to know Christ—yes, to know the power of his resurrection and participation in his sufferings, becoming like him in his death, and so, somehow, attaining to the resurrection from the dead. Not that I have already obtained all this, or have already arrived at my goal, but I press on to take hold of that for which Christ Jesus took hold of me. Brothers and sisters, I do not consider myself yet to have taken hold of it. But one thing I do: Forgetting what is behind and straining toward what is ahead, I press on toward the goal to win the prize for which God has called me heavenward in Christ Jesus.

4

삶의 이유

빌립보서 3:7-14
그러나 무엇이든지 내게 유익하던 것을 내가 그리스도를 위하여 다 해로 여길뿐더러 또한 모든 것을 해로 여김은 내 주 그리스도 예수를 아는 지식이 가장 고상하기 때문이라 내가 그를 위하여 모든 것을 잃어버리고 배설물로 여김은 그리스도를 얻고 그 안에서 발견되려 함이니 내가 가진 의는 율법에서 난 것이 아니요 오직 그리스도를 믿음으로 말미암은 것이니 곧 믿음으로 하나님께로부터 난 의라 내가 그리스도와 그 부활의 권능과 그 고난에 참여함을 알고자 하여 그의 죽으심을 본받아 어떻게 해서든지 죽은 자 가운데서 부활에 이르려 하노니 내가 이미 얻었다 함도 아니요 온전히 이루었다 함도 아니라 오직 내가 그리스도 예수께 잡힌 바 된 그것을 잡으려고 달려가노라 형제들아 나는 아직 내가 잡은 줄로 여기지 아니하고 오직 한 일 즉 뒤에 있는 것은 잊어버리고 앞에 있는 것을 잡으려고 푯대를 향하여 그리스도 예수 안에서 하나님이 위에서 부르신 부름의 상을 위하여 달려가노라

When you ask people who are passing by, "What are you living for?", there will not be many people who can respond clearly as to what their goals are in their lives. Even those who say that they are living for happiness cannot say what really makes them happy. There is no true happiness in worldly things like money, power or fame. True happiness can only be found in our hearts, because only those who have Jesus in their hearts can find true happiness. People who have Jesus in their lives know why they exist in this world and clearly know their final goal.

Even with all of our various possessions, plethora of knowledge, worldly fame, and high-ranking positions in life, it is not true happiness without Jesus. The worldly things go away. They go away after a short time. At one time, the song "Gangnam Style" became very popular all over the world. The song was introduced even by CNN. Someone from a different church created a parody called "Church Style" and someone recommended me to recreate a "Yoido Style." However, all of these styles will pass away. Only "Jesus Style" will remain. All things of this world will pass away but Jesus, who is the resource of true happiness,

지나가는 사람을 붙잡고 "당신은 무엇 때문에 삽니까?"라고 물어보면 대부분 잘 대답하지 못합니다. 행복 때문에 산다고 말하는 사람도 무엇이 자신을 행복하게 하는지 정확하게 말하지 못합니다. 세상의 돈과 권력과 명예도 참 행복을 가져다주지 못합니다. 진정한 행복은 우리 마음에서 발견해야 합니다. 예수님을 마음에 모신 사람들만이 예수님 안에서 참된 행복을 발견할 수 있기 때문입니다. 예수님을 모시고 사는 사람은 왜 자신이 이 세상에 존재하며 자신의 목표가 무엇인지를 분명히 알고 살아갑니다.

아무리 많은 것을 가지고, 많은 것을 배우고, 세상의 인기를 얻고, 높은 위치에 있다고 할지라도 예수님 없이는 참된 행복을 누릴 수 없습니다. 이 세상의 것은 모두 지나가고 맙니다. 잠깐이면 다 사라집니다. 한때 '강남 스타일'이란 노래가 전 세계에서 큰 인기를 얻었습니다. 이 노래가 얼마나 인기를 얻었던지 미국 CNN에서 소개되기도 했습니다. 그래서 어느 교회에서는 '교회 스타일'을 만들어 따라 하기도 하고, 누구는 '여의도 스타일'을 만들어 보라고 하기도 했습니다. 그러나 그런 유행들은 다 지나갑니다. 오직 '예수님 스타일'만 남을 것입니다. 세상의 모든 것이 스쳐 지나가지만 진정한 행복의 근원이신 예수님은 항상

is always with us.

In order to live a happy life in Jesus, there are prerequisites.

1. Giving something up

First, we should give something up. What should we then give up?

Philippians 3:7-8 says, *"But whatever were gains to me I now consider loss for the sake of Christ. What is more, I consider everything a loss because of the surpassing worth of knowing Christ Jesus my Lord, for whose sake I have lost all things. I consider them garbage, that I may gain Christ"*

We have things that we should give up first to enjoy happiness in the Lord. We need to put down most of the things that we had before believing in Jesus. We have to put down things that brought us worldly satisfactions in our lives. Then, God will fill us with greater things.

우리 곁에 계십니다.

예수님 안에서 행복한 삶을 살기 위해서는 전제조건이 있습니다.

1. 내가 포기해야 할 것

첫째로, 우리가 포기해야 합니다. 무엇을 포기해야 할까요?

빌립보서 3장 7-8절은 이렇게 말씀합니다. "그러나 무엇이든지 내게 유익하던 것을 내가 그리스도를 위하여 다 해로 여길 뿐더러 또한 모든 것을 해로 여김은 내 주 그리스도 예수를 아는 지식이 가장 고상하기 때문이라 내가 그를 위하여 모든 것을 잃어버리고 배설물로 여김은 그리스도를 얻고"

우리가 주님 안에서 행복을 누리기 위해서는 먼저 포기해야 할 것이 있습니다. 예수 믿기 전에 우리가 가지고 있었던 것을 내려놓아야 됩니다. 우리 삶에 만족을 주던 것들을 버려야 합니다. 그러면 하나님이 우리 삶에 더 좋은 것으로 채워주십니다.

Apostle Paul was captivated by his own self-righteousness and used to cling to his own things before meeting Jesus. He had many worldly sources of pride. Philippians 3:4-6 says, *"though I myself have reasons for such confidence. If someone else thinks they have reasons to put confidence in the flesh, I have more: circumcised on the eighth day, of the people of Israel, of the tribe of Benjamin, a Hebrew of Hebrews; in regard to the law, a Pharisee; as for zeal, persecuting the church; as for righteousness based on the law, faultless."*

He was considered to be flawless. He was a Roman citizen since birth. Since Roman citizens had many privileges, they were envied by many people. He also came from a good family background, was considered a Pharisee. Paul studied under Gamaliel, who was an expert in religious law and respected by all the people. Paul lacked nothing by worldly standards. Also, as a loyal Jew, he initially thought that people who believed in Jesus were heretics and he took the lead in persecuting Christians and destroying churches. However, after meeting Jesus, he was completely changed.

사도 바울도 예수님을 만나기 전에는 자기의 의로움에 사로잡혀 자기 것을 붙들고 살았습니다. 그는 세상적인 자랑거리가 많은 사람이었습니다. 빌립보서 3장 4절로 6절은 이렇게 말씀합니다. "그러나 나도 육체를 신뢰할 만하며 만일 누구든지 다른 이가 육체를 신뢰할 것이 있는 줄로 생각하면 나는 더욱 그러하리니 나는 팔일 만에 할례를 받고 이스라엘 족속이요 베냐민 지파요 히브리인 중의 히브리인이요 율법으로는 바리새인이요 열심으로는 교회를 박해하고 율법의 의로는 흠이 없는 자라"

사도 바울은 '흠이 없는 자'라고 칭할 정도였습니다. 그는 태어날 때부터 로마 시민권자였습니다. 당시 로마 시민권자는 굉장한 특권을 가지고 있었기 때문에 누구나 부러워했습니다. 또한 그는 좋은 혈통의 집안에서 태어났고 바리새인으로 인정받았습니다. 당시 최고의 학자로 인정받던 가말리엘의 문하에서 공부하기도 했습니다. 세상의 기준으로 볼 때 그는 무엇 하나 부족한 것이 없었습니다. 또한 유대교에 충실했던 바울은 예수님을 믿는 것을 이단이라고 생각했기에 그리스도인을 핍박하고 교회를 무너뜨리는 일에 앞장섰습니다. 그런 그가 예수님을 만난 다음 완전히 변했습니다.

According to the research of church history, Apostle Paul lived 60 years. Before he met Jesus, he had lived in his own self-righteous and self-centered life for 30 years. However, after meeting Jesus, Paul was able to completely change his life and he confessed that he was satisfied entirely by Jesus and lived a life for Jesus.

When he was 60 years old, Paul was beheaded and died as a martyr during the reign of Nero. What he accomplished in the 30 years since he had met Jesus is truly amazing. He wrote 13 out of the 27 books of the New Testament. Since the author of the book of Hebrews was influenced also by Paul, 14 books of the New Testament were written by Apostle Paul or under his influence.

Also, through 3 different world mission trips, Apostle Paul evangelized in the districts of Turkey and several places of Europe, where he established many churches. Later, when he was imprisoned in Rome, he wrote many books of the Bible and spread the gospel to many visitors.

Apostle Paul was able to faithfully carry out his ministry

교회 역사가들에 의하면 사도 바울은 약 60년을 살았다고 합니다. 그 60년 중에 그가 예수님을 만나기 전 30년은 자기 의로움에 사로잡혀 자기중심의 삶을 살았다고 한다면, 예수님을 만난 이후의 30년은 완전히 변화된 삶을 살았다고 말할 수 있습니다. 오직 예수님 한 분만으로 만족하며 예수님만을 위한 삶을 살았던 것입니다.

사도 바울은 60세에 네로 황제에 의해 순교를 당했습니다. 그러나 예수님을 만난 후 30년 동안 그가 이룬 업적은 실로 대단한 것이었습니다. 그는 신약성경 27권 중 13권을 기록했습니다. 히브리서의 저자 역시 바울의 영향을 받았기 때문에, 신약성경 가운데 총 14권이 그가 직접 썼거나 그의 영향을 받은 책이라고 할 수 있습니다.

또한 사도 바울은 세 번의 선교 여행을 통해 지금의 튀르키예 지역은 물론 유럽 여러 곳에 복음을 전하고 교회를 세웠습니다. 후에 로마 감옥에 갇혔을 때도 그는 많은 책을 기록했고 자신을 찾아오는 사람들에게 복음을 전했습니다.

사도 바울이 그렇게 열정적으로 사역을 할 수 있었던 것은 예

because he had realized that knowing Jesus was the most noble thing. The knowledge of Jesus cannot be common knowledge. It is rather the knowledge that we obtain through spiritual experiences, namely, through experiencing the love of the Lord. Therefore, it is important to meet and experience Jesus. When we meet Jesus, our lives will be totally transformed. It is no longer we who live, but Jesus who lives in us. We will become the children of God who give glory only to the Lord, leave everything to Him, and work for the accomplishment of His will.

The Bible tells us about Zacchaeous(Luke 9). He was what we now call a chief tax collector. Zacchaeous was not a person who was admired and loved by his own people. At that time, tax collectors were viewed as agents of Rome and as traitors because they collected a lot of taxes from the Jews. They often over-collected to fill their own pockets, which made the people hate and despise them even more. However, after meeting Jesus, Zacchaeous was changed completely. As you well know, inviting Jesus to his house, Zacchaeous confessed, "I give half of my possessions to the poor."

수님을 아는 지식이 가장 고상함을 깨달았기 때문입니다. 예수님을 아는 지식은 머리로 아는 지식이 아닙니다. 영적 체험으로 아는 지식, 즉 주님의 사랑을 경험함으로써 얻게 된 지식입니다. 그렇기에 예수님을 만나고 경험하는 것이 중요합니다. 예수님을 만날 때 우리의 삶이 완전히 변화됩니다. 이제는 우리가 사는 것이 아니라 우리 안에 주님이 사십니다. 주님에게만 영광을 돌리고, 우리의 모든 것을 주님에게 맡기고, 주님의 뜻을 이뤄나가는 주님의 자녀가 됩니다.

성경에 세리장 삭개오의 이야기가 나옵니다(누가복음 9장). 세리장이란 지금으로 말하면 세무장을 말합니다. 삭개오는 사람들에게 존경을 받거나 사랑을 받은 인물이 아니었습니다. 당시 세리들은 로마제국을 위해 유대 동족에게 세금을 걷는 일을 했기 때문에 로마의 앞잡이요 배신자로 여겨졌습니다. 심지어 그들은 로마 정부가 정해준 금액보다 더 많은 세금을 거둬들임으로써 자신들의 주머니를 채우는 경우가 많았습니다. 이로 인해 유대인들은 세리들을 더욱 미워하고 경멸했습니다. 그러나 세리장 삭개오는 예수님을 만난 다음 완전히 변했습니다. 그는 이렇게 고백했습니다. "나의 재산 절반을 불쌍하고 가난한 사람들에게 나누어 주겠습니다."

Many people live, thinking that money is the most important thing. But money is given by God for us to use well, not something to hold onto. Most lottery winners end up living miserable and unhappy lives. They thought that money would bring them happiness, but it brought unhappiness to their families. Families were separated and became enemies because of the money. As money comes to you, it must flow through you. When you try to grasp money, it takes away your happiness. The Bible says, *"For the love of money is a root of all kinds of evil."* (1 Tim. 6:10)

After meeting Jesus, Zacchaeous realized that money was not everything that he needed in his life, even though it had been his goal his entire life before. So he willingly came before the Lord and said, "Here and now I give half of my possessions to the poor, and if I have cheated anybody out of anything, I will pay back four times the amount."

We come into this world with empty hands and leave this world also with empty hands. Although we earn a lot of money and have great knowledge, we cannot lie in

돈이 최고인 줄 알고 살아가는 사람들이 많습니다. 그러나 돈은 하나님이 잘 쓰라고 주신 것이지 움켜쥐라고 준 것이 아닙니다. 복권에 당첨되어서 일확천금을 얻은 사람들은 대부분 불행해졌습니다. 돈이 행복을 가져다줄 줄 알았지만 도리어 가정에 불행과 불화를 가져오는 경우가 많기 때문입니다. 돈 때문에 가정이 깨지고 그로 해서 가족이 원수가 되고 맙니다. 나에게 돈이 오면 그 돈을 흘려보내야 합니다. 돈을 움켜쥐려고 하면 오히려 가지고 있던 행복마저 빼앗겨버립니다. 성경은 "돈을 사랑함이 일만 악의 뿌리"(딤전 6:10)라고 말씀합니다.

삭개오는 예수님을 만난 후에 그 사실을 깨달았습니다. 지금까지는 돈을 목표로 살았는데 돈이 삶의 전부가 아님을 깨달은 것입니다. 그래서 삭개오는 주님 앞에 나와 자발적으로 다음과 같이 말했습니다. "내 재산의 절반을 가난한 사람들에게 나눠주겠습니다. 그리고 혹시 내가 억울하게 돈을 많이 징수한 것이 있으면 네 배로 갚겠습니다."

우리는 빈손으로 태어나서 빈손으로 이 세상을 떠납니다. 돈을 많이 벌거나 다양한 지식을 가졌다고 해도 이 세상을 떠날 때 가지고 갈 수는 없습니다. 그러므로 우리는 이 세상에 사는 동안

a coffin with those things. Therefore, while living in this world, we should share happiness by giving what we have to our neighbors. Through this, we glorify God.

Augustine, also called Saint Augustine of Hippo, lived a life of debauchery before his conversion. He ran away from home when he was 17 years old. He lived, then, by pursuing worldly pleasures, falling into heresy, and having a child without being married. And one day he heard the voice of the Lord under a fig tree in a garden. "Put the past behind and come back to me." He wrote that experience in his book *The Confessions of Saint Augustine*.

"There arose a mighty storm within me, bringing a mighty shower of tears. ⋯ I cast myself down I know not how, under a certain fig-tree, giving full vent to my tears; and the floods of mine eyes gushed out, an acceptable sacrifice to Thee."

So, when he was under a fig tree, he heard the voice from somewhere saying in Latin, "Tolle lege, tolle lege."(Take up and read, take up and read). He went into the house and opened the Bible. He found Romans 13:13-14. *"Let us behave decently,*

우리가 가진 것을 통해 이웃에게 행복을 나누고 베풀며 살아야 합니다. 이를 통해 하나님께 영광을 돌려야 합니다.

히포의 성자로 불리는 어거스틴은 회심하기 전 방탕한 삶을 살았습니다. 그는 17세에 집을 나갔습니다. 세상 쾌락을 좇아 살면서 이단에 빠지기도 하고 결혼 전에 애를 낳기도 했습니다. 그러던 어느 날 정원에 있는 무화과나무 밑에서 주님의 음성을 들었습니다. "이제 너의 과거를 청산하고 내게로 돌아오라." 그는 그때의 체험을 자신의 『참회록』에 다음과 같이 기록하고 있습니다.

"그때 내 속에서는 커다란 폭풍이 일어났고 홍수 같은 눈물이 쏟아져 내렸습니다. … 나는 어찌할 바를 몰라 무화과나무 아래 몸을 던지고 하염없이 흐르는 눈물을 내버려 두었습니다. 그것은 당신께 드려진 합당한 제사였습니다."

그렇게 그가 무화과나무 아래에 있을 때 어디선가 "톨레 레게 톨레 레게"(들고 읽어라 들고 읽어라)라는 라틴어가 들려왔습니다. 그는 집으로 뛰어 들어가 성경을 펼쳤습니다. 그의 눈에 들어온 말

as in the daytime, not in carousing and drunkenness, not in sexual immorality and debauchery, not in dissension and jealousy. Rather, clothe yourselves with the Lord Jesus Christ, and do not think about how to gratify the desires of the flesh."

These verses changed him. He repented at that moment and accepted Jesus as his Savior. After that, he became a pastor, served the church for the rest of his life in Hippo, North Africa, and wrote many books. These books played an important role in laying the foundations of medieval theology. One day, he met the Lord he longed for in a dream, and the Lord asked him, "My son, what do you want from me?" Answering God, Augustine left these famous words, "I do not want anything but You, Lord."

If God asked us what we wanted from Him, we would say, "First, we do not have a house. Since we have many family members, give us a house of $132m^2$." "Our daughter is in her prime to get married. Provide her with a good husband." "I want my husband to be healthy." "I gained weight. Help me to lose weight." If we were in this situation, we would ask for those desires. However,

씀은 로마서 13장 13-14절이었습니다. "낮에와 같이 단정히 행하고 방탕하거나 술 취하지 말며 음란하거나 호색하지 말며 다투거나 시기하지 말고 오직 주 예수 그리스도로 옷 입고 정욕을 위하여 육신의 일을 도모하지 말라"

이 말씀이 그를 변화시켰습니다. 그는 그 자리에서 회개하고 예수님을 구주로 영접했습니다. 이후 그는 목회자가 되어 북아프리카 히포에서 평생 교회를 섬겼고 많은 책을 저술했습니다. 그의 저서는 중세 신학의 기초를 놓는 중요한 역할을 했습니다. 어느 날 그가 그토록 사모하던 주님을 꿈에 만났는데 주님이 물으셨습니다. "나의 아들아, 너는 나에게 무엇을 원하느냐?" 그때 어거스틴이 대답하면서 다음과 같은 유명한 말을 남겼습니다. "아무것도 원하지 않습니다. 다만 주님만을 원합니다."

우리 같으면 아마도 다르게 대답했을 것입니다. "제가 지금 집이 없어요. 우리 가족이 많으니까 40평짜리 집 하나 주세요." "우리 애가 결혼 적령기인데 좋은 신랑을 만나게 해주세요." "내 남편 건강하게 해주세요." "제가 몸이 뚱뚱한데 다이어트를 성공하게 해주세요." 이런 여러 가지 요구사항을 말했을 것입니다. 그런데 어거스틴은 성숙한 믿음을 가졌기에 "아무것도 원하지

Saint Augustine had mature faith. He said, "I do not want anything but You, Lord."

When we live for ourselves, we even lose what we have. However, if we live for the Lord, God gives us things that we do not have. We need to live a life of matured faith. We should not pester God to give us what we want day in and day out like children. Let us say, "What should I offer to You, Lord?"

Galatians 2:20 is the faithful confession of Apostle Paul. *"I have been crucified with Christ and I no longer live, but Christ lives in me. The life I now live in the body, I live by faith in the Son of God, who loved me and gave himself for me."*

What an amazing confession! We should also confess just like Apostle Paul said, "I am nothing. The Lord is everything."

않습니다. 주님만 원합니다."라고 말한 것입니다.

나를 위해 살면 나에게 있는 것조차 잃어버리게 되지만, 주님을 위해 살면 나에게 없는 것까지 주님이 다 채워주십니다. 이왕이면 이렇게 성숙한 신앙인의 모습으로 살아야 하지 않을까요? 어린애처럼 밤낮으로 달라고만 조르지 말고 "내 무엇을 주님께 바칠까요?"라고 말할 수 있어야 합니다.

갈라디아서 2장 20절은 사도 바울의 신실한 신앙 고백입니다. "내가 그리스도와 함께 십자가에 못 박혔나니 그런즉 이제는 내가 사는 것이 아니요 오직 내 안에 그리스도께서 사시는 것이라 이제 내가 육체 가운데 사는 것은 나를 사랑하사 나를 위하여 자기 자신을 버리신 하나님의 아들을 믿는 믿음 안에서 사는 것이라"

이 얼마나 놀라운 고백입니까. 우리도 사도 바울과 같이 "나는 아무것도 아닙니다. 주님만이 모든 것이 되십니다."라고 고백할 수 있어야겠습니다.

There is yet something that holds us from saying, "I am nothing." It is our old self. Our old self lets us remember the past and makes to think, 'Why am I nothing? I need to boast about myself.' Our old self takes us back to our past. In the past, we used to live by our own will. When we wanted to get angry, we got angry. When we wanted to yell, we yelled. When we wanted to hate others, we hated others. We lived a life that was shameful before God. However, even though we should put the past behind, we cannot do that overnight.

So Apostle Paul described his frustration in Romans 7:21-23. *"So I find this law at work: Although I want to do good, evil is right there with me. For in my inner being I delight in God's law; but I see another law at work in me, waging war against the law of my mind and making me a prisoner of the law of sin at work within me."*

Within us, the laws of God collide with the laws of sin as if it was at war. The Bible says, *"What a wretched man I am! Who will rescue me from this body that is subject to death?"*(Rom.

한편, "나는 아무것도 아닙니다."라는 고백을 하지 못하도록 가로막는 것이 있는데, 바로 우리의 옛사람입니다. 옛사람은 '내가 왜 아무것도 아니야, 내 자랑을 해야지.'라는 마음을 갖게 합니다. 옛사람은 우리를 과거의 모습으로 다시 되돌리려 합니다. 과거에 우리는 우리 마음대로 살았습니다. 화내고 싶을 때 화내고, 소리 지르고 싶을 때 소리 지르고, 미워하고 싶을 때 미워했습니다. 주님 보시기에 너무 부끄러운 인생을 살았습니다. 그러나 예수님을 믿고 나서 우리는 과거의 모습을 청산해야 하는데 이는 하루아침에 이루어지지 않습니다.

사도 바울도 로마서 7장 21-23절에서 다음과 같이 어려움을 토로하고 있습니다. "그러므로 내가 한 법을 깨달았노니 곧 선을 행하기 원하는 나에게 악이 함께 있는 것이로다 내 속사람으로는 하나님의 법을 즐거워하되 내 지체 속에서 한 다른 법이 내 마음의 법과 싸워 내 지체 속에 있는 죄의 법으로 나를 사로잡는 것을 보는도다"

우리 안에서 하나님의 법과 죄의 법이 충돌합니다. 그래서 "오호라 나는 곤고한 사람이로다 이 사망의 몸에서 누가 나를 건져내랴"(롬 7:24)라고 사도 바울은 탄식했습니다. 그렇다면 우

7:24). What should we do? We should crucify ourselves. When we confess, "I am nothing. The Lord is everything." and leave our problems to the Lord, He will solve them. There is nothing to worry about. The first gateway in our life of faith is to deny ourselves by saying, "I am nothing."

Matthew 16:24 says, *"Then Jesus said to his disciples, 'Whoever wants to be my disciple must deny themselves and take up their cross and follow me.'"*

Charles Studd is the founder of Worldwide Evangelization for Christ (WEC). He was the precious servant of God who did mission work in China for 15 years, in India for 6 years, and in Africa for the rest of his life. He was born to a noble and wealthy family. He also studied at Cambridge University. One day when he went to a revival meeting led by Pastor Moody, he heard God's voice, saying, "Dedicate yourself for me." He fell down, repented before God and decided to become a missionary and committed his life to the Lord.

리는 어떻게 해야 할까요? 우리 자신을 십자가에 못 박아야 합니다. "나는 아무것도 아닙니다. 주님만이 모든 것이 되십니다."라고 고백하면서 모든 것을 주님께 맡기면 주님이 우리의 문제를 해결해 주십니다. 염려할 것이 없습니다. 따라서 우리가 신앙생활을 시작할 때 가장 먼저 "나는 아무것도 아닙니다."라며 자기를 부인해야 합니다.

마태복음 16장 24절에 예수님은 이렇게 말씀하셨습니다. "이에 예수께서 제자들에게 이르시되 누구든지 나를 따라오려거든 자기를 부인하고 자기 십자가를 지고 나를 따를 것이니라"

찰스 스터드는 세계적인 선교단체 WEC(Worldwide Evangelization for Christ) 선교회를 창시한 선교사입니다. 그는 중국 선교에 15년을, 인도 선교에 6년을, 그리고 마지막 여생을 아프리카 선교에 바친 선교사입니다. 그는 귀족 집안에서 태어났고 케임브리지 대학에서 수학했습니다. 그러다 전도자 무디의 집회에 참석했는데, 그곳에서 주님의 음성을 들었습니다. "너는 나를 위해서 네 자신을 바쳐라." 주님의 이 같은 부르심에 스터드는 회개의 기도를 드리고 선교를 통해 자신의 일생을 주님께 드리기로 결단했습니다.

When his parents passed away, they left a great fortune to him. With that property, Studd founded the international missions organization WEC. He dedicated the rest of his life to missionary work in Africa. I hope that we also meet the Lord intimately and become transformed. Become the blessed servants of God just like Missionary Charles Studd.

2. What I try to obtain

What are we trying to obtain after believing in Jesus? Apostle Paul said in Philippians 3:8-9, *"What is more, I consider everything a loss because of the surpassing worth of knowing Christ Jesus my Lord, for whose sake I have lost all things. I consider them garbage, that I may gain Christ and be found in him, not having a righteousness of my own that comes from the law, but that which is through faith in Christ—the righteousness that comes from God on the basis of faith."*

What we should keep in our minds is our Savior, Jesus Christ. We must confess, "I am satisfied with Jesus alone." How thankful it is that Jesus is our King, just like the lyrics of the hymn "Jesus we enthrone You". If we obtain

그의 부모가 돌아가셨을 때 그에게 엄청난 유산을 물려주었습니다. 스터드 선교사는 그 재산으로 국제선교단체 WEC를 만들었습니다. 그리고 자신의 여생을 아프리카 선교에 바쳤습니다. 우리도 주님을 만나 변화되어서 찰스 스터드 선교사처럼 하나님이 크게 쓰시는 일꾼이 되길 소망합니다.

2. 내가 얻고자 하는 것

예수를 믿고 난 다음 우리가 얻는 것은 무엇입니까? 사도 바울은 빌립보서 3장 8-9절에서 이렇게 말했습니다. "또한 모든 것을 해로 여김은 내 주 그리스도 예수를 아는 지식이 가장 고상하기 때문이라 내가 그를 위하여 모든 것을 잃어버리고 배설물로 여김은 그리스도를 얻고 그 안에서 발견되려 함이니 내가 가진 의는 율법에서 난 것이 아니요 오직 그리스도를 믿음으로 말미암은 것이니 곧 믿음으로 하나님께로부터 난 의라"

우리가 평생 마음에 품고 붙잡아야 할 것은 우리 구주 예수 그리스도입니다. 우리는 "예수님 한 분만으로 만족합니다."라고 고백해야 합니다. 「예수 우리 왕이여」라는 찬송가의 가사처럼 예수님이 우리의 왕이 되어주시는 것이 얼마나 감사합니까. 우리가 예수

Christ, we obtain everything. If we lose Christ, we lose everything. Therefore, we should always come to Jesus with thanksgiving and praise.

> Jesus, we enthrone You
> We proclaim You are King
> Standing here
> In the midst of us
> We raise You up with our praise
> And as we worship build a throne
> Come Lord Jesus
> And take Your place

I hope we seek to obtain Jesus only and not look for money or worldly fame. We need to be armed with the righteousness from God and participate in the power of the resurrection of Jesus Christ. When we participate in the power of the resurrection, we will become powerful enough to overcome pain of death.

Philippians 3:10-11 says, *"I want to know Christ—yes,*

그리스도를 얻으면 모든 것을 다 얻는 것입니다. 그러나 예수 그리스도를 잃으면 모든 것을 잃게 됩니다. 그러므로 우리는 주님을 붙들어야 합니다. 주님 앞에 늘 감사와 찬양으로 나아가야 합니다.

예수 우리 왕이여 이곳에 오셔서
우리가 왕께 드리는 영광을 받아주소서
우리는 주님의 백성 주님은 우리 왕이라
왕이신 예수님 오셔서 좌정하사 다스리소서
예수 우리 주시여 이곳에 오셔서
우리가 주께 드리는 찬양을 받아주소서
우리는 주님의 종들 주님은 우리 주시라
주 되신 예수님 오셔서 찬양을 받아주소서

돈이나 세상의 명예가 아니라 예수님만을 구하게 되길 바랍니다. 그래서 주님이 주시는 의로움으로 무장하고 주님의 부활에 참여해야 합니다. 부활의 권능에 참여할 때 어떤 죽음의 고통도 넉넉히 이길 수 있습니다.

빌립보서 3장 10-11절은 말씀합니다. "내가 그리스도와 그 부

to know the power of his resurrection and participation in his sufferings, becoming like him in his death, and so, somehow, attaining to the resurrection from the dead."

Because Jesus gave us the spirit of the resurrection, we can overcome all of the pain, problems, sadness, and death. We should thus thank the Lord for taking hold of us, and moreover, press on to take hold of that for which He took hold of us.

Philippians 3:12 says, *"Not that I have already obtained all this, or have already arrived at my goal, but I press on to take hold of that for which Christ Jesus took hold of me."*

Our lives should be held by Jesus and we must only look unto Jesus. Our lives pass by quickly. It seems to last for a long time; however, we will all pass away one day. Therefore, we must live everyday meaningfully, fruitfully, happily, and joyfully, and bring glory to the Lord.

활의 권능과 그 고난에 참여함을 알고자 하여 그의 죽으심을 본받아 어떻게 해서든지 죽은 자 가운데서 부활에 이르려 하노니"

하나님이 부활의 영을 주셨기에 우리는 어떤 고난과 문제, 슬픔과 죽음도 이길 수 있습니다. 그러므로 우리를 붙들어 주시는 주님께 감사하고, 또한 주님이 우리를 붙드신 그 목적을 잡기 위해 달려가야 할 것입니다.

빌립보서 3장 12절은 말씀합니다. "내가 이미 얻었다 함도 아니요 온전히 이루었다 함도 아니라 오직 내가 그리스도 예수께 잡힌 바 된 그것을 잡으려고 달려가노라"

주님께 붙잡힌 바 되어 주님만 바라보고 달려가야 합니다. 우리 인생은 짧습니다. 천년만년 살 것 같지만 결국 언젠가 세상을 떠나게 됩니다. 그러므로 하루하루를 의미 있게, 보람있게, 행복하게, 기쁘게 주님께 영광 돌리며 살아가야 할 것입니다.

3. The ultimate goal of life

Philippians 3:14 says about the ultimate goal of life, *"I press on toward the goal to win the prize for which God has called me heavenward in Christ Jesus."* The ultimate and only goal of our lives is Jesus Christ. Therefore, Hebrews 12:2a says, *"fixing our eyes on Jesus, the pioneer and perfecter of faith."*

We should fix our eyes only on Jesus. We should only rely on Jesus. Hebrews 3:1 tells us, *"Therefore, holy brothers and sisters, who share in the heavenly calling, fix your thoughts on Jesus, whom we acknowledge as our apostle and high priest."*

Ephesians 4:13 says that our ultimate goal in this world is attaining to the whole measure of the fullness of Christ. *"Until we all reach unity in the faith and in the knowledge of the Son of God and become mature, attaining to the whole measure of the fullness of Christ."*

3. 삶의 궁극적 목표

삶의 궁극적 목표에 대해 빌립보서 3장 14절은 이렇게 말씀합니다. "푯대를 향하여 그리스도 예수 안에서 하나님이 위에서 부르신 부름의 상을 위하여 달려가노라" 우리 삶의 궁극적이고 유일한 목표는 예수 그리스도입니다. 그렇기에 히브리서 12장 2절은 "믿음의 주요 또 온전하게 하시는 이인 예수를 바라보자"라고 말씀합니다.

우리는 늘 예수님을 바라보아야 합니다. 주님만 의지해야 합니다. 히브리서 3장 1절은 우리에게 이렇게 당부합니다. "그러므로 함께 하늘의 부르심을 받은 거룩한 형제들아 우리가 믿는 도리의 사도이시며 대제사장이신 예수를 깊이 생각하라"

이 땅에서의 우리 목표는 예수님의 장성한 분량에 이르는 것이라고 에베소서 4장 13절은 말씀합니다. "우리가 다 하나님의 아들을 믿는 것과 아는 일에 하나가 되어 온전한 사람을 이루어 그리스도의 장성한 분량이 충만한 데까지 이르리니"

We should become "a little Jesus" who continuously resembles Jesus. We will never be exactly like Jesus; however, we can try to become a replica of Jesus through our image. We should become a little Jesus inwardly, and a witness of Him outwardly. That is the joy and happiness that we can enjoy in the Lord. Until the day we stand before the Lord, we must resemble and spread Jesus to whoever we meet. When we die, and Jesus opens His arms, we should be heard, *"Well done, good and faithful servant! You have been faithful with a few things; I will put you in charge of many things. Come and share your master's happiness!"* (Matthew 25:23).

Apostle Paul left such words in the book of 2 Timothy, his last letter before his death. 2 Timothy 4:7-8 says, *"I have fought the good fight, I have finished the race, I have kept the faith. Now there is in store for me the crown of righteousness, which the Lord, the righteous Judge, will award to me on that day—and not only to me, but also to all who have longed for his appearing."*

Also, Apostle Paul made a confession in Acts 20:22-24. *"And now, compelled by the Spirit, I am going to Jerusalem, not*

우리는 예수님을 닮아가는 '작은 예수'가 되어야 합니다. 우리가 예수님과 똑같이 될 수는 없지만, 우리 모습 속에서 예수님을 닮은 작은 예수의 모습이 나타나야 합니다. 속사람은 작은 예수가 되고 겉사람은 예수님의 증인이 되어야 합니다. 그것이 주 안에서 우리가 누릴 수 있는 기쁨이자 행복입니다. 우리가 주님 앞에 가는 그날까지 우리가 만난 예수님을 닮아가고 증거해야 합니다. 인생의 종착역에서 우리가 주님의 품에 안겨 "잘하였도다 착하고 충성된 종아 네가 적은 일에 충성하였으매 내가 많은 것을 네게 맡기리니 네 주인의 즐거움에 참여할지어다"(마 25:23)라고 칭찬받는 우리가 되어야겠습니다.

사도 바울은 세상을 떠나기 전에 마지막으로 남긴 서신서인 디모데후서 4장 7-8절에서 다음과 같이 고백했습니다. "나는 선한 싸움을 싸우고 나의 달려갈 길을 마치고 믿음을 지켰으니 이제 후로는 나를 위하여 의의 면류관이 예비되었으므로 주 곧 의로우신 재판장이 그 날에 내게 주실 것이며 내게만 아니라 주의 나타나심을 사모하는 모든 자에게도니라"

또한 사도행전 20장 22-24절에서도 바울은 이렇게 말했습니다. "보라 이제 나는 성령에 매여 예루살렘으로 가는데 거기서

knowing what will happen to me there. I only know that in every city the Holy Spirit warns me that prison and hardships are facing me. However, I consider my life worth nothing to me; my only aim is to finish the race and complete the task the Lord Jesus has given me—the task of testifying to the good news of God's grace."

Rev. Gil Kim, who is the instructor at the disciple training school of Youth with a Mission(YWAM), made the following confession in his book, *Mission*: "Is there any mission that is more important than life? In order to carry out our missions, we need to devote our lives. Nothing just happens. You should not just say that you have a dream, but you should devote your life to the full so that you can touch others' hearts. Above all things, God needs to be touched by you. You cannot have your dreams come true when you do nothing but live a life of committing sins. Jesus cares about the mission. Therefore, only when we follow the concerns of Jesus, we can dwell in life. If we grow away from the mission, we come to grow away from life."

Do not look back, do not look at your past scars but look at what is ahead. Apostle Paul said in Philippians 3:13,

무슨 일을 당할는지 알지 못하노라 오직 성령이 각 성에서 내게 증언하여 결박과 환난이 나를 기다린다 하시나 내가 달려갈 길과 주 예수께 받은 사명 곧 하나님의 은혜의 복음을 증언하는 일을 마치려 함에는 나의 생명조차 조금도 귀한 것으로 여기지 아니하노라"

예수전도단(YWAM)의 김길 목사님은 『사명』이라는 책에서 이렇게 고백했습니다. "목숨보다 더 중요한 사명이 있습니까? 사명을 이루자면 삶을 걸어야 합니다. 그냥 되는 것은 없습니다. 꿈이 있다고 말만 하지 말고 다른 사람이 감동할 만큼 자신의 삶을 걸어서 열심히 살아야 합니다. 무엇보다 하나님이 감동하셔야 합니다. 아무것도 안 하고 적당히 죄짓는 삶을 살면서 꿈을 이룰 수는 없습니다. 예수님의 관심은 사명에 있습니다. 따라서 예수님의 관심을 따라가야 생명 안에 있을 수 있습니다. 사명과 멀어지면 생명과 멀어집니다."

우리는 뒤를 돌아보지 말고, 과거의 상처를 돌아보지 말고, 앞만 바라보며 나가야 합니다. 사도 바울은 빌립보서 3장 13절에

"Brothers and sisters, I do not consider myself yet to have taken hold of it. But one thing I do: Forgetting what is behind and straining toward what is ahead"

Run towards the sign post to take hold of what is ahead. Do not look back. Do not cling onto past scars but remember how much the Lord loves us and how the love of God surprises and touches us. And we must march forward with the mission entrusted in the overwhelming love.

서 사명에 대해 이렇게 말했습니다. "형제들아 나는 아직 내가 잡은 줄로 여기지 아니하고 오직 한 일 즉 뒤에 있는 것은 잊어버리고 앞에 있는 것을 잡으려고"

우리도 푯대를 향하여 달려가야 합니다. 뒤를 돌아보지 말고, 과거의 상처에 연연하지 말고, 주님이 우리를 얼마나 사랑하시는지, 그 사랑이 얼마나 우리를 놀라게 하고 감격하게 하는지만 기억해야 합니다. 그리고 그 사랑의 감격 속에서 맡겨진 사명을 가지고 끝까지 달려가야 하겠습니다.

5

The Life That God Wants Us to Live

Micah 6:6-8

With what shall I come before the LORD and bow down before the exalted God? Shall I come before him with burnt offerings, with calves a year old? Will the LORD be pleased with thousands of rams, with ten thousand rivers of olive oil? Shall I offer my firstborn for my transgression, the fruit of my body for the sin of my soul? He has shown you, O mortal, what is good. And what does the LORD require of you? To act justly and to love mercy and to walk humbly with your God.

We live our lives only once. However, aren't we easily offended and hurt by others over trivial things, shuddering in despair and frustration? Since we are to live life once, we should live it happily with joy and gratitude in the Lord. This is God's will to us. There is true happiness and true satisfaction in Jesus.

5

하나님이 원하시는 삶

미가 6:6-8

내가 무엇을 가지고 야훼 앞에 나아가며 높으신 하나님께 경배할까 내가 번제물로 일 년 된 송아지를 가지고 그 앞에 나아갈까 야훼께서 천천의 숫양이나 만만의 강물 같은 기름을 기뻐하실까 내 허물을 위하여 내 맏아들을, 내 영혼의 죄로 말미암아 내 몸의 열매를 드릴까 사람아 주께서 선한 것이 무엇임을 네게 보이셨나니 야훼께서 네게 구하시는 것은 오직 정의를 행하며 인자를 사랑하며 겸손하게 네 하나님과 함께 행하는 것이 아니냐

우리는 한 번뿐인 인생을 삽니다. 그 소중한 인생을 살면서 때로는 너무 사소한 일로 상처받고 낙심하고 고통스러워하진 않습니까? 한 번뿐인 인생, 주님 안에서 기뻐하고 감사하며 행복하게 살아야 합니다. 그것이 우리를 향하신 하나님의 뜻입니다. 예수님 안에 참된 행복과 만족이 있습니다.

Micah was a prophet from the southern kingdom of Judah about 2,700 years ago and he prophesied that Jesus would be born in Bethlehem. The prophets who were delivering God's message to the people around the same time as Micah were Isaiah, Hosea, and Amos. During the time when the prophet Micah was active, the northern kingdom of Israel had been destroyed by Assyria for its idolatry, its rebellion against God, and its unrighteousness. And Judah, the southern kingdom, was also due for the same judgment for their sins against God.

The people of Judah committed idolatry which God detests the most. They were morally corrupt, debauched, and unrighteous. There was no hope anywhere. The problem was that even the religious leaders of Judah were living in the flood of sin and unrighteousness, without even feeling any guilt. The whole nation was totally corrupt.

Micah stood up and pointed out the sins. He urged the people of Judah to repent for their sins since the judgment of God was near. However, they did not repent. They believed that their sins would be forgiven as long as they

미가 선지자는 약 2,700년 전에 남 왕국 유다에서 활동했고 예수님이 베들레헴에서 태어나실 것을 예언한 선지자입니다. 미가 선지자와 같은 시기에 활동했던 선지자로는 이사야, 호세아, 아모스가 있습니다. 미가 선지자가 활동할 당시 북이스라엘은 우상숭배와 배반과 불의의 죄로 하나님의 심판을 받아서 앗수르에 의해 완전히 멸망 당한 뒤였습니다. 또한 남왕국 유다 역시 같은 죄로 하나님의 심판 앞에 놓여있었습니다.

남유다 백성들은 하나님이 가장 미워하시는 우상숭배의 죄를 범했습니다. 그들은 도덕적으로도 타락하고, 방탕하며, 불의를 행했습니다. 어디를 보아도 희망이 없었습니다. 가장 큰 문제는 나라의 지도자들조차 죄에 빠져 불의한 삶을 살면서도 양심의 가책을 조금도 느끼지 않았다는 것입니다. 온 나라가 총체적인 타락 가운데 놓여있었습니다.

이때 미가 선지자가 일어나서 남유다 백성들의 죄를 지적했습니다. 그는 하나님의 심판이 가까웠으니 회개하라는 경고의 메시지를 전했습니다. 하지만 그들은 회개하지 않았습니다. 그저 하나님 앞에 많은 제물을 드리기만 하면 자기들의 죄가 용서

gave generous offerings to God.

Micah 6:6-7 says, *"With what shall I come before the LORD and bow down before the exalted God? Shall I come before him with burnt offerings, with calves a year old? Will the LORD be pleased with thousands of rams, with ten thousand rivers of olive oil? Shall I offer my firstborn for my transgression, the fruit of my body for the sin of my soul?"*

Micah rebuked the people of Judah, saying that they could not please God with a lot of offerings and sacrifices to God if they did not repent of their sins. There was no true repentance in the people's lives. But we cannot experience the grace of God without truthfully repenting of our sins. We cannot receive God's blessings if we are not truly transformed in our lives.

1. The righteous life before God

First, let us think about the righteous life before God.

받을 수 있다고 생각했습니다.

이에 미가서 6장 6-7절은 다음과 같이 말씀합니다. "내가 무엇을 가지고 야훼 앞에 나아가며 높으신 하나님께 경배할까 내가 번제물로 일 년 된 송아지를 가지고 그 앞에 나아갈까 야훼께서 천천의 숫양이나 만만의 강물 같은 기름을 기뻐하실까 내 허물을 위하여 내 맏아들을, 내 영혼의 죄로 말미암아 내 몸의 열매를 드릴까"

미가 선지자는 마음을 찢고 죄를 회개하지도 않으면서 그저 많은 제물과 희생 제사를 드렸다고 해서 하나님이 그것을 기뻐하시겠냐고 말하며 유다 백성들을 책망했습니다. 그들의 삶에 진정한 회개란 없었습니다. 그러나 진정한 회개 없이는 하나님의 은혜를 경험할 수 없습니다. 진정한 삶의 변화 없이는 하나님의 축복을 받을 수 없습니다.

1. 하나님 앞에 의롭게 사는 삶

먼저 하나님 앞에 의롭게 사는 삶에 대해 생각해봐야 합니다.

Micah 6:8 says, *"He has shown you, O mortal, what is good. And what does the LORD require of you? To act justly and to love mercy and to walk humbly with your God."*

We call this scripture verse Micah 6:8, "the Golden Rule of the Old Testament". What God requires for us is to act justly and live righteously. To act justly means to build and live in the right relationships with God and with other people. For this reason, a just society is one which protects the rights of the community members, and takes care of the poor and the socially disadvantaged. On the other hand, in an unjust society, those who have power oppress the powerless and exploit them by pursuing their own interests.

The prophet Jeremiah said to unrighteous people in power in Jeremiah 7:5-6 as follow: *"If you really change your ways and your actions and deal with each other justly, if you do not oppress the foreigner, the fatherless or the widow and do not shed innocent blood in this place, and if you do not follow other gods to your own harm."*

미가서 6장 8절의 말씀입니다. "사람아 주께서 선한 것이 무엇임을 네게 보이셨나니 야훼께서 네게 구하시는 것은 오직 정의를 행하며 인자를 사랑하며 겸손하게 네 하나님과 함께 행하는 것이 아니냐"

미가서 6장 8절은 '구약의 황금률'이라고 불립니다. 하나님이 우리에게 원하시는 것은 정의를 행하고 의롭게 사는 것입니다. 정의를 행하는 것이란 하나님 및 이웃과 올바른 관계를 맺고 사는 것입니다. 정의로운 사회는 사회 구성원들의 권리를 보호하고 가난한 사람들, 사회적 약자들을 돌보는 사회입니다. 하지만 정의가 바로 서지 않은 나라에서는 강자들이 약자들을 짓밟고 착취하며 자신들의 이익만 추구합니다.

예레미야 선지자는 예레미야 7장 5-6절에서 불의한 권력자들을 향해 이렇게 말했습니다. "너희가 만일 길과 행위를 참으로 바르게 하여 이웃들 사이에 정의를 행하며 이방인과 고아와 과부를 압제하지 아니하며 무죄한 자의 피를 이 곳에서 흘리지 아니하며 다른 신들 뒤를 따라 화를 자초하지 아니하면"

The socially underprivileged people during the time of Jeremiah were orphans, widows, and foreigners. Orphans and widows were often the victims of abuse because they had no one to support them economically or politically. Even today, orphans and widows live in pitiful conditions. Imagine a widow, who used to count on her husband before he suddenly passed away. Now, she has to earn a living and take care of her children all by herself. Think about orphans. They have no parents to raise them so they have to support themselves from an early age.

Foreigners also lived like slaves among the Israelites since they were not treated equally because they were not part of God's chosen people. We have something similar going on here in Korea. We are proud that we are a relatively homogeneous nation. Even though many foreigners are now living with us in Korea, we do not treat them as our neighbors, but rather, we abuse and exploit them. There are more than two million foreigners living in Korea. More than 25,000 people immigrate to Korea every year by getting married to Koreans. A female congresswoman was harshly criticized just because she was from another country. She was also one of the people who had

예레미야 시대의 사회적 약자는 고아, 과부, 이방인과 같은 사람들을 가리킵니다. 고아와 과부들은 경제적, 정치적으로 자신들을 부양해 줄 사람이 없었기에 학대의 희생자가 되기 일쑤였습니다. 오늘날에도 고아와 과부들의 사정은 어렵습니다. 과부를 생각해보십시오. 의지하던 남편이 갑자기 세상을 떠났습니다. 그러면 아내는 혼자서 아이들을 부양하며 생계를 이어가야 합니다. 고아들을 생각해보십시오. 그 아이들은 부모가 없기에 어릴 적부터 스스로 생계를 짊어져야 합니다.

또한 당시 외국인들은 선민의식을 가진 이스라엘 사람들이 다른 민족을 차별하는 경우가 많았기 때문에 노예처럼 살기도 했습니다. 사실 한국도 비슷한 면이 있습니다. 우리는 단일민족으로 이루어진 국가라는 점을 자랑스럽게 생각합니다. 그래서 많은 외국인이 이 나라에 함께 살고 있음에도 불구하고 그들을 이웃으로 대우하지 않고, 때로는 그들을 학대하거나 착취할 때도 있습니다. 오늘날 한국에 사는 외국인들은 200만 명이 넘습니다. 한 해에만 25,000명이 넘는 사람들이 결혼을 통해 한국으로 이주해오기도 합니다. 예전에 한 여성 국회의원이 그저 다른 나라 출신이라는 이유만으로 혹독한 비판을 받은 일이 있었습니다. 그녀 역시 국제결혼을 통해 한국으로 이주해 온 사람 중

immigrated to Korea through marriage.

What is the indicator that displays our spiritual maturity? The Scripture declares that those who live justly should not oppress the weak but embrace and help them with the love of the Lord. We can measure our mature faith through our open-mindedness. We are considered mature if we practice the love of the Lord in our lives and help the needy and the socially underprivileged.

More than anything, those who pursue justice should follow the will of God and not their own desires. They humble themselves and exalt the Lord, confessing, "I am nothing. The Lord is everything to me."

One of the missionaries who came to Korea for World Mission Conference brought me a book titled, *Jesus + nothing = Everything*. The title means that Jesus is everything to us. This is how we live justly.

People who feel that they are special often offend other

한 명이었습니다.

우리의 성숙함을 드러내는 지표는 무엇일까요? 성경은 정의를 행하는 자들은 약자를 억압하지 않고 그들을 포용하며 주님의 사랑으로 그들을 돕는다고 분명하게 언급합니다. 신앙의 성숙함 역시 포용력으로 측정될 수 있습니다. 우리는 곤경에 처한 이들과 사회적 약자들을 향해 삶 가운데서 주님의 사랑을 실천함으로써 성숙한 신앙인이 됩니다.

또한 정의를 실천하는 사람은 자기의 욕망을 좇기보다 하나님의 뜻을 따릅니다. 겸손히 자신을 낮추고 하나님을 높여드리며 "난 아무것도 아닙니다. 주님만이 나의 모든 것이 되십니다."라고 고백합니다.

예전에 선교대회에 오신 한 선교사님이 주신 책이 있는데, 그 책 제목이 『Jesus + nothing = Everything』입니다. 우리 말로 해석하면 '예수님만이 나의 모든 것이 되신다'라는 의미입니다. 이것이 하나님 앞에 의롭게 사는 방식입니다.

자신을 특별한 존재라고 생각하는 사람은 남에게 상처를 주

people and feel offended by others easily. If we consider ourselves nothing at all, there is no reason to offend or to be offended by others. We should live by nothing but the grace of the Lord.

Practicing justice is more important for the influential political and social leaders of the society. Since Micah saw that the leaders were corrupt, he said the following to them. Micah 3:1-3 says, *"Then I said, 'Listen, you leaders of Jacob, you rulers of Israel. Should you not embrace justice, you who hate good and love evil; who tear the skin from my people and the flesh from their bones; who eat my people's flesh, strip off their skin and break their bones in pieces; who chop them up like meat for the pan, like flesh for the pot?'"*

The leaders were so corrupt that Micah was really straightforward with his message. Micah said that the leaders tore the skin from the people. God gave the leaders the power to rule because He wanted them to rule the country justly and to serve the people. With that power, however, they trampled down and exploited the weak

기 쉽고 자신도 남에게 상처받기 쉽습니다. 그러나 자기 자신이 아무것도 아니라고 생각하는 사람은 남에게 상처를 주지도 않을뿐더러 남에게 쉽게 상처받지도 않습니다. 우리는 오직 주님의 은혜로 살아야만 합니다.

특히 정의는 사회적으로 큰 영향력을 가진 지도자들에게 꼭 필요한 덕목입니다. 미가 선지자가 활동하던 당시 남유다의 지도자들은 타락했습니다. 그래서 미가 3장 1-3절은 다음과 같이 말씀합니다. "내가 또 이르노니 야곱의 우두머리들과 이스라엘 족속의 통치자들아 들으라 정의를 아는 것이 너희의 본분이 아니냐 너희가 선을 미워하고 악을 기뻐하여 내 백성의 가죽을 벗기고 그 뼈에서 살을 뜯어 그들의 살을 먹으며 그 가죽을 벗기며 그 뼈를 꺾어 다지기를 냄비와 솥 가운데에 담을 고기처럼 하는도다"

당시 남유다 사회의 지도층이 얼마나 타락했던지 미가 선지자는 매우 직설적인 표현을 쓰고 있습니다. 그는 지도자들이 사람들의 가죽을 벗겼다고 말했습니다. 하나님이 남유다의 지도자들에게 권세를 주신 이유는 정의로 나라를 다스리고 백성을 섬기라는 의미였습니다. 그러나 그들은 그 권세로 약자를 짓밟

instead of serving them. Even the religious leaders of the southern Judah were also corrupt that they spoke false prophecies, took bribes, and made biased and unfair judgments. Corruption prevailed all over Judah. This is why the prophet Amos rebuked the people.

Amos 5:24 says, *"But let justice roll on like a river, righteousness like a never-failing stream!"*

God's grace cannot come where injustice is done. We must stand righteously before God. When we stand righteously before God as an individual, as a church, and as a country, God will bless us abundantly.

Rev. Timothy Keller is the pastor of Redeemer Presbyterian Church in New York. He founded the church with only 50 members. Redeemer Presbyterian Church became one of the largest churches in New York with more than 8,000 people attending. He published a book titled, *Generous Justice: How God's Grace Makes Us Just*.

In this book Keller said, "Many Christians put more emphasis on grace than on justice. They are apt to consider

고 착취하는 죄를 짓고 말았습니다. 남유다의 종교지도자들은 뇌물을 받고 거짓 예언을 하며 치우치고 불공정한 재판을 내렸습니다. 부패가 온 유다에 만연했습니다. 이것이 아모스 선지자가 백성들을 꾸짖은 이유입니다.

아모스 5:24에는 이런 말씀이 있습니다. "오직 정의를 물 같이, 공의를 마르지 않는 강 같이 흐르게 할지어다"

불의를 행하는 곳에 하나님의 은혜가 임할 수 없습니다. 우리는 하나님 앞에 바로 서야 합니다. 개인이, 가정이, 교회가, 이 나라가 하나님 앞에 바로 설 때 하나님이 복을 주십니다.

팀 켈러 목사님은 뉴욕 맨해튼에 있는 리디머장로교회의 목사님입니다. 그는 50명의 성도와 더불어 그 교회를 설립했습니다. 리디머장로교회는 8,000명 이상의 성도가 출석하는 뉴욕에서 가장 큰 교회 중 하나가 되었습니다. 그는 『팀 켈러의 정의란 무엇인가』라는 제목의 책을 출간한 바 있습니다.

이 책에서 그는 다음과 같이 말했습니다. "많은 그리스도인이 은혜를 더 중시하고 정의를 부수적인 것으로 여깁니다. 그러나

justice as optional. However, grace and justice cannot be separated. We are saved by grace. Now that we are saved, we must put justice into practice."

Since God is watching us with eyes like blazing fire, we must stand righteously before God. We must live in accordance with His will. We should never compromise with sin. When we live righteously, God will greatly delight in us and bless us abundantly.

Why are there so many problems in the world? It is because Christians fail to live righteously before the Lord. We must stand and live righteously before the Lord so that the grace of God is always with us and that justice and righteousness flows through us like a never-failing stream.

Matthew 5:20 says, *"For I tell you that unless your righteousness surpasses that of the Pharisees and the teachers of the law, you will certainly not enter the kingdom of heaven."*

은혜와 정의는 분리되지 않습니다. 우리는 은혜로 구원을 받습니다. 그리고 구원받은 우리는 이제 정의를 실천해야 합니다."

하나님이 불꽃 같은 눈으로 우리를 지켜보시기 때문에 우리는 하나님 앞에 바른 삶을 살아야 합니다. 그분의 뜻을 따라 살아야만 합니다. 우리는 죄와 타협해서는 안 됩니다. 우리가 의로운 삶을 살 때 하나님은 우리로 인해 크게 기뻐하시며 큰 복을 주실 것입니다.

이 세상에 왜 그리 많은 문제가 있습니까? 예수 믿는 사람들이 주님 앞에 바로 서지 못했기 때문입니다. 우리가 먼저 바로 서서 의로운 삶을 살아감으로써 하나님의 은혜가 우리 가운데 임하고, 정의가 물 같이, 공의가 마르지 않는 강 같이 흐르게 해야 합니다.

마태복음 5장 20절은 말씀합니다. "내가 너희에게 이르노니 너희 의가 서기관과 바리새인보다 더 낫지 못하면 결코 천국에 들어가지 못하리라"

We live by the grace of God after we are saved, however, we must continue to live righteously and meditate on the Word of God. This is the warning that Jesus Christ gives to all Christians. We must stop 'lip services' now. Our whole life should be transformed so that we will please God through our just and righteous life.

Matthew 6:33 says, *"But seek first his kingdom and his righteousness, and all these things will be given to you as well."*

We must seek first God's kingdom and righteousness. We must establish the kingdom of heaven in our hearts first so that God can rule over us. We must pray that the kingdom of God will be established on this land, too. When we please God without compromising with sin and unrighteousness, God will bless us throughout our lives.

Isaiah 56:1 says, *"This is what the LORD says: 'Maintain justice and do what is right, for my salvation is close at hand and*

우리가 하나님의 구원을 받은 이후 그 은혜를 따라 살아가지만, 또한 은혜 받은 우리는 하나님의 말씀을 지키며 의로운 삶을 살아야만 합니다. 이것이 바로 예수님이 모든 그리스도인에게 주시는 엄중한 말씀입니다. 우리는 '립 서비스'에 지나지 않는 말을 멈춰야 합니다. 우리의 모든 삶이 변화되어 정의롭고 의로운 삶을 통해 하나님을 기쁘시게 할 수 있어야 합니다.

마태복음 6장 33절은 말씀합니다. "그런즉 너희는 먼저 그의 나라와 그의 의를 구하라 그리하면 이 모든 것을 너희에게 더하시리라"

먼저 하나님의 나라와 그의 의를 구해야 합니다. 하나님의 나라가 우리 마음 가운데 먼저 세워져 하나님이 우리를 다스리시도록 해야 합니다. 또한 우리는 하나님의 나라가 이 땅 가운데 세워지도록 간구해야 합니다. 우리가 죄와 불의와 타협하지 않고 하나님을 기쁘시게 할 때 하나님은 우리의 삶 전체를 축복해 주실 것입니다.

이사야 56장 1절의 말씀입니다. "야훼께서 이와 같이 말씀하시기를 너희는 정의를 지키며 의를 행하라 이는 나의 구원이

my righteousness will soon be revealed.'"

Let us live righteously before God. I pray that we will live a good and generous life. We must always completely surrender to the Lord so that the Lord will be glorified. The will of the Lord will be established in our lives. This should be the attitude of righteous Christians.

2. The life of compassion and mercy

Second, we must live a life of compassion and mercy.

Micah 6:8b says, *"…and to love mercy."* Micah used the Hebraic word "Hesed" for mercy. Hesed has many meanings such as the unchanging love, grace, compassion, and mercy of God. In this Scripture, to love mercy means to practice the love of the Lord in our relationships with God and with our neighbors.

In the Old Testament book of Ruth, there is a story of Ruth, Boaz, and Naomi. We can witness mercy and love

가까이 왔고 나의 공의가 나타날 것임이라 하셨도다"

우리 모두 하나님 앞에 올바른 삶을 살아가기를 바랍니다. 우리가 선하고 자애로운 삶을 살아가기를 기도합니다. 우리는 언제나 주님 앞에 완전히 깨어져 주님이 영광을 받으시도록 해야 합니다. 주님의 뜻이 우리의 삶 가운데에서 이루어지는 것, 이것이 바로 의로운 그리스도인의 삶의 자세가 되어야 합니다.

2. 긍휼과 자비의 삶

둘째, 우리는 긍휼과 자비의 삶을 살아야 합니다.

미가서 6장 8절은 "인자를 사랑하며"라고 말씀합니다. 미가 선지자는 히브리어 단어 '헤세드'로 인자를 표현합니다. 헤세드에는 하나님의 변함없는 사랑, 은혜, 긍휼, 하나님의 자비와 같은 많은 의미가 담겨있습니다. 이 본문에서 인자를 사랑함은 하나님 및 이웃과의 관계 속에서 사랑을 실천하는 것을 의미합니다.

룻기를 보면 나오미, 룻, 보아스가 등장합니다. 이들의 삶 속에는 자비와 사랑, 즉 헤세드와 일치하는 덕목이 있었습니다. 자

when we look into their lives, which resemble the exact characteristic of Hesed. By being merciful, we live for others instead of living selfishly. It means that we are willing to lose or sacrifice something in sharing our love with others.

When Naomi was left completely alone after her husband and her two sons died, Ruth did not leave Naomi. Instead, Ruth served her mother-in-law wholeheartedly with kindness. This touched Boaz and, thus, he did them a favor.

Ruth 3:10 says, *"'The LORD bless you, my daughter,' he replied. 'This kindness is greater than that which you showed earlier: You have not run after the younger men, whether rich or poor.'"*

We need this kind of love. We must share our sacrificial love to others and express our love to them without expecting anything back in return. We should no longer live only for ourselves. As the precious children of God,

비로운 삶을 사는 것이란 자기중심적이 아닌 남을 위해 사는 것을 말합니다. 이는 우리의 사랑을 다른 이들에게 나누는 가운데 기꺼이 져주고 희생하는 것을 뜻합니다.

시어머니인 나오미가 남편과 두 아들을 잃고 홀로 되었을 때 룻은 나오미의 곁을 떠나지 않았습니다. 오히려 룻은 그의 시어머니를 전심을 다해 사랑으로 섬겼습니다. 이런 룻의 모습은 보아스에게 감동을 주었고 보아스가 나오미와 룻에게 은혜를 베푸는 계기가 되었습니다.

룻기 3장 10절은 말씀합니다. "그가 이르되 내 딸아 야훼께서 네게 복 주시기를 원하노라 네가 가난하건 부하건 젊은 자를 따르지 아니하였으니 네가 베푼 인애가 처음보다 나중이 더하도다"

우리도 이와 같은 사랑이 있어야 합니다. 우리는 희생의 사랑, 받을 것을 생각하지 않고 값없이 베푸는 사랑을 실천해야 합니다. 더 이상 자신만을 위해 살아서는 안 됩니다. 하나님의 존귀한 자녀로서 우리는 소외되고, 병들고, 빈곤하며, 문제 속에 있

we must practice the love of Jesus Christ to those who are neglected, sick, impoverished, or those who suffer from many problems.

Hosea 6:6 says, *"For I desire mercy, not sacrifice, and acknowledgment of God rather than burnt offerings."*

God wants us to be motivated by love in doing good deeds. Only then, our good deeds can count for something. We should not do good deeds only to show ourselves off. Therefore, we must serve the Lord with our hearts before doing our good acts, so that we permeate good influence onto others.

Some people say, "I never skip Sunday worship service." Others say, "I not only attend Sunday worship service, but also bring tithe consistently." By doing such things, they believe that they are fulfilling their Christian duties. This is not true, though. Such things are the basic duties in our relationship with God. God delights in us when we share His blessings with others.

는 이들에게 예수 그리스도의 사랑을 실천해야 합니다.

호세아 6장 6절은 말씀합니다. "나는 인애를 원하고 제사를 원하지 아니하며 번제보다 하나님을 아는 것을 원하노라"

하나님은 우리가 선을 행하는 가운데 사랑의 동기를 갖기를 원하십니다. 그럴 때에야만 우리의 선행이 진정한 의미를 갖습니다. 다른 사람에게 보이기 위해서 선을 행해서는 안 됩니다. 선을 행하기 전 먼저 마음으로 주님을 잘 섬겨야 다른 사람들 가운데 선한 영향력을 발휘할 수 있습니다.

어떤 사람들은 "나는 빠짐없이 주일성수를 합니다."라고 말합니다. 어떤 사람들은 "나는 주일성수는 물론이고 십일조 생활도 합니다."라고 말하기도 합니다. 그렇게 함으로써 그들은 그리스도인으로서의 의무를 다한다고 생각합니다. 그런데 이는 사실이 아닙니다. 주일성수나 십일조를 드리는 것은 하나님과 나의 관계에서 지켜야 할 기본적인 의무입니다. 그리고 하나님은 우리가 한 걸음 더 나아가서 하나님께 받은 은혜를 다른 사람들과 나누는 것을 기뻐하십니다.

Do not ignore your neighbors when they have problems. Pray for them, help them, and show our concern and love to them. When we bring the fruit of love to the Lord, He will greatly delight in us and bless us.

I would like to introduce Steve(Stephen) Morrison. An American Christian family adopted an orphan boy from Korea. This boy's life story was published in a book, titled, *Steve Morrison's Story*. Steve's Korean name was Soek-Choon Choi. When Steve was only a toddler, his biological father's business went bankrupt. His father was often drunk and would beat his mother when he came home. His mother could not bear the living conditions anymore and so she left. Even after she left, the father was always too drunk to take care of Steve. His father also left home when Steve was five years old.

At the age of 5, he was abandoned and became a orphan. He had to search trash cans for food and look for coins on the streets. He covered himself with newspapers and slept under a bridge. Along the way, he was sent to an orphanage and adopted by the Morrison family when he was 14 by the grace of God.

우리는 어려운 상황에 놓인 주변 사람들을 그냥 지나치지 말아야 합니다. 그들을 위해 기도하고 사랑의 손길을 내밀어야 합니다. 우리가 사랑을 실천할 때 주님이 기뻐하시고 우리에게 복을 주시는 것입니다.

스티브 모리슨을 소개합니다. 한 미국인 가정에서 한국 남자아이 하나를 입양한 일이 있었습니다. 이 소년의 이야기가 『스티브 모리슨 이야기』라는 제목의 책으로 출간이 되었습니다. 스티브 모리슨의 한국 이름은 최석춘입니다. 그가 갓 걸음마를 배우던 시절 그의 아버지의 사업이 부도가 났습니다. 아버지는 술에 취해 집에 돌아와서는 어머니를 때리곤 했습니다. 어머니는 더 이상 견디지 못하고 집을 나갔습니다. 아버지는 어머니가 집을 나간 후에도 날마다 술에 취해 자기 아들을 돌보지 않았습니다. 그가 5살이 되었을 때 아버지마저 집을 나가버렸습니다.

5살이 되던 해에 그는 완전한 고아가 되어 버려진 것이었습니다. 그는 음식을 구하고자 쓰레기통을 뒤지거나 땅에 떨어진 동전을 주워야 했습니다. 다리 밑에서 신문지를 덮고 자기도 했습니다. 그러던 중 그는 고아원에 들어가게 되었고, 14살 때 하나님의 은혜로 모리슨 가정에 입양되었습니다.

Even though his adopting parents had one son and two daughters of their own, they adopted Steve. When he first arrived at his new home in America, they prepared kimchi, a traditional Korean dish, for him. He walked with a limp because had an injured leg, and his new parents sent him to a doctor to get an operation for his leg. Even though his adopting mother had to work hard to pay for his medical bills, they did it secretly.

One day, his father said, "Steve, I have made a few great decisions in my life. The greatest decision I have made was believing in God. The second was marrying your mother. The third was adopting you into our family."

Receiving his adopting parents' unconditional love, Steve worked very hard and eventually became a chief researcher in NASA, the National Aeronautics and Space Administration. One day, he had an identity crisis and asked his father if he could get his Korean name back. At that time his father said, "Steve, it is not important for you to be a Korean. It is not important for you to be an American, either. What is more important than your nationality is for you to become a beautiful person."

양부모님은 이미 아들 하나와 딸이 둘이나 있었지만, 석춘을 입양했습니다. 그가 처음 미국의 집에 오던 날, 양부모님은 한국에서 온 그를 위해 양배추로 김치를 만들어 주었습니다. 또한 그가 다리를 다쳐서 잘 걷지 못하자 수술받을 수 있게 해주었습니다. 수술비를 마련하기 위해 양어머니가 일해야 했지만, 이 사실을 비밀에 부쳤습니다.

어느 날 양아버지가 이렇게 말했습니다. "스티브, 나는 일생을 살면서 몇 가지 훌륭한 결정을 내렸단다. 그중 최고의 결정은 하나님을 믿게 된 것이고, 두 번째는 네 어머니와 결혼한 것, 세 번째는 너를 우리 가정에 입양한 것이란다."

양부모님의 이러한 훌륭한 사랑 아래서 스티브는 열심히 공부하여 미국 항공우주국(NASA)의 수석연구원이 되었습니다. 하루는 자기 정체성에 혼란을 느낀 그가 한국 이름을 되찾겠다고 아버지에게 말한 적이 있었습니다. 그때 아버지는 이렇게 말했습니다. "스티브, 네가 한국 사람이 된다는 것은 중요하지 않아. 그리고 미국 사람이 된다는 것도 중요하지 않아. 그보다 더 중요한 것은 네가 아름다운 사람이 되어야 한다는 것이란다."

Touched by this word, Steve knelt down before God to pray, "What should I do to live a beautiful life?" The Lord said to him in his heart, "It was not an accident that you became an orphan. How could you possibly understand the pain of orphans unless you become one? There are still so many orphans and abandoned children in Korea. What do you want to do for them?"

Upon hearing the voice of the Lord, Steve decided to serve the abandoned children in Korea. He founded MPAK, Mission to Promote Adoption in Korea, which was an organization that promoted the adoption of Korean orphans. Currently, MPAK has 5 branch offices in the United States and 28 branch offices in Korea, actively promoting adoption of the children in Korea.

We must hear the voice of God and make a decision. In Luke 10:27 Jesus said, *"Love the Lord your God with all your heart and with all your soul and with all your strength and with all your mind ··· Love your neighbor as yourself."*

그는 아버지의 말씀을 새겨듣고 하나님께 무릎 꿇어 기도했습니다. "하나님 제가 어떻게 해야 아름다운 삶을 살 수가 있겠습니까?" 기도하던 중 마음속에서 주님의 음성이 들려왔습니다. "네가 고아가 된 것이 우연이 아니다. 너 자신이 버려진 아이가 되지 않는다면 어떻게 부모 없는 아이들의 아픔을 이해할 수 있겠느냐? 아직도 한국에는 그런 아이들이 너무나 많다. 너는 그 아이들을 위해 무엇을 하겠느냐?"

주님의 음성을 들은 스티브는 한국의 버려진 아이들을 섬기는 일을 하겠다고 결단했습니다. 그는 한국입양홍보회를 설립하여 한국 안팎의 가정에서 고아들의 입양에 앞장섰습니다. 한국입양홍보회는 현재 미주지역에 5개 지부와 한국 내 28개 지부를 두고 한국에서의 활발한 입양 활동을 전개하고 있습니다.

우리도 주님의 음성을 듣고 결단해야 합니다. 누가복음 10장 27절에서 주님이 말씀하셨습니다. "네 마음을 다하며 목숨을 다하며 힘을 다하며 뜻을 다하여 주 너의 하나님을 사랑하고 또한 네 이웃을 네 자신 같이 사랑하라"

The world is getting sick due to a lack of love. According to a newspaper article that I read recently, two-thirds of vicious criminals grew up in adverse situations where their parents abused and hurt them. They harbored their anger and resentment in their hearts and ended up becoming vicious criminals. If they had been taken care of with love by their parents in their homes, they may not have become criminals.

However, even if the circumstances were adverse and we were abandoned by the parents, those who believe in Jesus will receive healing in the Lord and gain new life.

Hymn Number 503 in the Korean hymnal sings:

Do you know the world is dying for a little bit of love?
Everywhere we hear the sighing for a little bit of love;
For the love that rights a wrong, fills the heart with hope and song;
They have waited, oh, so long, for a little bit of love.
For a little bit of love, for a little bit of love,
They have waited, oh, so long, for a little bit of love.

사랑 없는 이 세상은 병들어가고 있습니다. 어떤 일간지의 조사에 따르면 흉악범과 강력범의 3분의 2가 불우한 가정에서 태어나 부모로부터 상처와 학대를 받으며 자란 사람들이라고 합니다. 사랑 없이 자라난 불우한 환경이 그들의 마음에 한을 품게 했고 결국 그들은 범죄자가 된 것입니다. 그 사람들이 가정에서 부모를 통해 사랑을 받고 성장했다면 범죄자가 되지 않았을지도 모릅니다.

그러나 상황이 불우하고, 부모에 의해 버림을 받을지라도 예수님을 모시는 사람은 주님 안에서 치료함을 얻고, 새로운 생명을 얻게 됩니다.

찬송가 503장에 이런 가사가 있습니다.

세상 모두 사랑 없어 냉랭함을 아느냐
곳곳마다 사랑 없어 탄식 소리뿐일세
악을 선케 만들고 모든 소망 이루는
사랑 얻기 위하여 저들 오래 참았네
사랑 없는 까닭에 사랑 없는 까닭에
사랑 얻기 위하여 저들 오래 참았네

Listen carefully to what Hebrews 13:16 says. *"And do not forget to do good and to share with others, for with such sacrifices God is pleased."* I urge you to be always good to the people around you by practicing the love of the Lord.

3. The life of walking humbly with God

Third, we must walk humbly with God.

Micah 6:8b says, *"… and to walk humbly with your God."* What God ultimately requires of us is that we walk humbly with God.

When did the sin of mankind start from? It started from the point when Adam and Eve ate the fruit of knowledge of good and evil and they wanted to be like God. Even though mankind was only a being, created to give glory to God, they wanted to become like God and the sin entered in their lives. Since then, the sin has covered all humans in human history. Being enslaved by arrogance, we live egocentrically and insist on getting our own ways.

히브리서 13장 16절의 말씀에 귀를 기울입시다. "오직 선을 행함과 서로 나누어 주기를 잊지 말라 하나님은 이같은 제사를 기뻐하시느니라" 주님의 사랑을 실천함으로써 항상 선을 행하는 여러분이 되기를 바랍니다.

3. 겸손히 하나님과 동행하는 삶

셋째로 우리는 겸손히 하나님과 동행하는 삶을 살아야 합니다.

미가 6장 8절은 "겸손하게 네 하나님과 함께 행하는 것이 아니냐"라고 말씀합니다. 궁극적으로 하나님이 우리에게 원하시는 것은 겸손하게 하나님과 동행하며 사는 것입니다.

인간의 죄가 어떻게 시작되었습니까? 아담과 하와가 선악과를 따먹고 하나님처럼 되려고 한 데서부터 시작되었습니다. 사람은 하나님이 창조하신 피조물이며 그의 존재 목적은 하나님께 영광을 돌리는 것임에도, 아담은 선악과를 먹고 하나님처럼 되려고 했기 때문에 삶 가운데 죄가 들어오게 되었습니다. 이 죄가 온 인류 역사를 뒤덮어 버렸습니다. 그 결과 우리는 교만의 노예가 되어 자신의 주장만을 내세우며 자기중심적으로 살게 되었습니다.

When a child grows up and learns how to speak, one of his or her words is "I". Little children grab things and do not let them go. The person who frequently uses the word "I", may have an immature personality like that of a child. Additionally, putting "Me" before anything else is an attitude that comes from arrogance.

Enoch walked with the God for 300 years. Genesis 5:22 says about him, *"After he became the father of Methuselah, Enoch walked faithfully with God 300 years and had other sons and daughters."*

Also, Hebrews 11:5 says, *"By faith Enoch was taken from this life, so that he did not experience death: 'He could not be found, because God had taken him away.' For before he was taken, he was commended as one who pleased God."*

It's not easy to walk with God in this sinful world. However, Enoch walked with God and kept his faith. God did not let Enoch live in the world of sins and took him away when he was 365 years old. God opposes the proud. He is searching for His humble servants.

아이들이 자라면서 말을 배울 때를 가만히 보면 '내가'라는 말이 가장 앞서 나옵니다. 자기 것을 움켜쥐며 잘 내놓지 않으려 합니다. '내가'라는 말을 자주 사용하는 사람은 어린아이와 같은 미성숙한 성품을 가졌다고 볼 수 있습니다. 또한 '나'를 앞세우는 태도는 교만한 마음에서 나오기도 합니다.

에녹은 300년을 하나님과 동행했습니다. 에녹에 대해서 창세기 5장 22절은 "므두셀라를 낳은 후 삼백 년을 하나님과 동행하며 자녀들을 낳았으며"라고 말씀합니다.

이어서 히브리서 11장 5절입니다. "믿음으로 에녹은 죽음을 보지 않고 옮겨졌으니 하나님이 그를 옮기심으로 다시 보이지 아니하였느니라 그는 옮겨지기 전에 하나님을 기쁘시게 하는 자라 하는 증거를 받았느니라"

죄악이 넘쳐나는 세상 속에서 하나님과 동행하는 것은 쉬운 일이 아닙니다. 하지만 에녹은 믿음을 지키며 하나님과 동행하는 삶을 살았습니다. 하나님은 그런 에녹을 죄가 가득한 이 세상 가운데 두지 않으시고, 그가 365세가 되었을 때 하나님 곁으로 데려가셨습니다. 하나님은 교만한 자를 미워하십니다. 하나님은

Isaiah 2:17 says, *"The arrogance of man will be brought low and human pride humbled; the LORD alone will be exalted in that day."*

We should never be arrogant. We are who we are by the grace of the Lord.

I witness miracles during every worship service of our church. God loves us so much that tens of thousands of people gather together here and worship the Lord. If this is not a miracle, what can it be? I have nothing to say but give thanks to God.

Dr. Jae-Won Shin was the Aerospace Research Mission Directorate at NASA of the United States. He wanted to work at NASA ever since he was a child. He went to the States and received his PhD, and then eventually began to work at NASA. His dream came true. However, because he was Asian, there was no one who helped or guided him

그분의 겸손한 종들을 찾고 계십니다.

이사야 2장 17절은 말씀합니다. "그 날에 자고한 자는 굴복되며 교만한 자는 낮아지고 야훼께서 홀로 높임을 받으실 것이요"

우리는 절대 교만해서는 안 됩니다. 나의 나 된 것은 오직 주님의 은혜입니다.

저는 예배 때마다 기적을 보고 있습니다. 하나님은 우리를 지극히 사랑하셔서 수만 명의 사람들이 함께 모여 주를 예배하도록 하셨습니다. 이것이 기적이 아니라면, 무엇이 기적이겠습니까? 수천수만의 사람이 모여서 함께 예배를 드리는 것이 기적이 아니고 무엇입니까? 저는 주님께 그저 감사할 뿐입니다.

신재원 박사는 미국 항공우주국(NASA) 항공연구 부문의 최고 책임자였습니다. 그는 어릴 적부터 나사에 들어가기를 원했습니다. 이에 그는 미국에 가서 박사학위를 받았고, 마침내 나사에서 일하길 시작했습니다. 꿈이 이루어진 것입니다. 그러나 그는 아시아인이었기에 그를 돕거나 이끌어줄 사람이 그곳엔 없었습니

there. However, he had the greatest helper behind him: The Almighty God.

In less than 20 years after working at NASA, Dr. Shin became the third highest executive official in the Aerospace Science Research. In 2008, he received the Presidential Rank Award, which was given to the greatest officials in the federal government. What made him become such an important and influential person?

Dr. Shin says, "If you want me to choose only one key to my success, it would be my practice to become humble lest. I pray every morning, 'Dear God, let me surrender myself completely as I bow down on the ground and use me the way You want.'"

It is not easy to surrender and lay ourselves down on the ground. It is possible only when we look up to the Lord and rely on Him.

Psalm 147:6 says, *"The LORD sustains the humble but casts the wicked to the ground."*

다. 그러나 그의 뒤에는 가장 위대한 돕는 자, 전능하신 하나님이 계셨습니다.

그는 입사한 지 20년도 채 되지 않아 나사에서 세 번째로 높은 직급인 항공 연구 부문 최고 책임자가 되었습니다. 2008년에는 미국 연방정부 고위 공직자에게 수여하는 상 중 최고의 상인 대통령상까지 받았습니다. 무엇이 그를 이토록 중요하고 영향력 있는 인물로 만들었을까요?

그는 이렇게 말합니다. "한 가지 성공 요인을 꼽으라면 늘 교만해지지 않도록 겸손을 연습한 것이라고 생각합니다. 저는 매일 아침 이렇게 기도합니다. '하나님, 저를 땅에 납작 엎드리게 하셔서 하나님이 원하시는 대로 사용해주시옵소서.'"

납작 엎드리는 것은 쉬운 일이 아닙니다. 주님만 바라보고 의지하며 살아야 가능한 것입니다.

시편 147편 6절은 "야훼께서 겸손한 자들은 붙드시고 악인들은 땅에 엎드러뜨리시는도다"라고 말씀합니다.

Proverbs 18:12 says, *"Before a downfall the heart is haughty, but humility comes before honor."*

Why should we be humble? That is because it is God who does the work. Who delivered the Israelites from their slavery to the Egyptians for 430 years? It was God. Who parted the Red Sea in front of them? It was God. Who fed and clothed them during the 40 years they were living in the desert? It was God. Who parted the Jordan River when they entered Canaan? It was God. Who destroyed the wall of Jericho? It was God. God keeps us, protects us, and guides us with the same unconditional love. We must give thanks to Him for His love and guidance.

Let us lay down everything and live humbly before God. I pray that all of us will walk humbly with God, become mature Christians, and serve our neighbors and our Lord to achieve justice in this world.

잠언 18장 12절의 말씀입니다. "사람의 마음의 교만은 멸망의 선봉이요 겸손은 존귀의 길잡이니라"

우리는 왜 겸손해야 할까요? 일하시는 분이 하나님이시기 때문입니다. 이스라엘을 애굽 밑의 430년 종살이에서 해방해주신 분이 누구입니까? 하나님이십니다. 그들 앞에 놓인 홍해를 가르신 분이 누구십니까? 하나님이십니다. 40년 광야 생활에서 이스라엘 백성을 먹이시고 입히신 분이 누구십니까? 하나님이십니다. 가나안을 건너갈 때 요단강을 가르신 분이 누구십니까? 하나님이십니다. 여리고성을 무너뜨리신 분이 누구십니까? 하나님이십니다. 그 하나님이 그때와 똑같은 위대한 사랑으로 우리를 지키시고 보호하시고 인도하고 계십니다. 우리는 그의 사랑과 인도에 감사해야 합니다.

내 모든 것을 주님 앞에 내려놓고 겸손하게 삽시다. 겸손히 하나님과 동행하면서 이 땅에 정의를 이루기 위해 사랑으로 하나님과 이웃을 섬기는 성숙한 그리스도인이 되기를 주님의 이름으로 축원합니다.

The Way of a True Discipleship

Mark 8:34-35

Then he called the crowd to him along with his disciples and said: "Whoever wants to be my disciple must deny themselves and take up their cross and follow me. For whoever wants to save their life will lose it, but whoever loses their life for me and for the gospel will save it."

It is said that today there are many church believers in the church but very few true disciples. This tells us that there are many churchgoers but few people who try to be like Jesus and live as Jesus lived.

Who is a disciple? A disciple is a person who follows his or her teacher by living by the teachings and striving to become like the teacher.

6

참 제자의 길

마가복음 8:34-35
무리와 제자들을 불러 이르시되 누구든지 나를 따라오려거든 자기를 부인하고 자기 십자가를 지고 나를 따를 것이니라 누구든지 자기 목숨을 구원하고자 하면 잃을 것이요 누구든지 나와 복음을 위하여 자기 목숨을 잃으면 구원하리라

오늘날 교회 안에 교인은 많은데 제자가 적다는 말이 있습니다. 이는 교회에 다니는 사람은 많으나 예수님을 닮아가는 사람, 예수님처럼 살고자 하는 사람은 많지 않다는 의미입니다.

제자는 누구입니까? 제자는 스승을 따르고 그의 가르침을 따라 살기를 힘써 스승처럼 되고자 하는 사람입니다.

As we have come to believe in Jesus Christ, we have become believers and children of God who have received salvation. However, becoming a disciple is different. Disciples are made through training.

We should not stay in the position as mere Christians. We must become Christians who are spiritually mature that people can call the disciples of Jesus.

While we walk along the path as Jesus' disciples, we face difficulties and experience persecution from nonbelievers. Sometimes, we pass through the valley of hardships in order to develop our faith.

Although the way of discipleship appears to be like the way of pain, sorrow, and loneliness, it will eventually be the way of glory, blessings, and grace.

I hope that all of us will overcome all difficulties and become true disciples that follow Jesus. Then, how can we become true disciples of Jesus?

예수님을 믿는 즉시 우리는 구원받고 하나님의 자녀가 됩니다. 그러나 제자가 되는 것은 좀 다릅니다. 제자는 훈련을 통해 만들어집니다.

우리는 단순한 성도에 머무르면 안 됩니다. 우리는 사람들이 예수님의 제자라고 칭하는 영적으로 성숙한 그리스도인들이 되어야 합니다.

예수님의 제자 된 길을 가다 보면 어려움을 당하기도 하고 믿지 않는 사람들에게 핍박을 받기도 합니다. 또한 믿음 성장을 위한 환난의 골짜기를 통과하기도 합니다.

제자의 길이 당장은 고난의 길, 슬픔의 길, 외로움의 길처럼 여겨져도 결국 영광의 길, 축복의 길, 은혜의 길이 될 것입니다.

그러므로 모든 어려움을 극복하고 예수님을 따라가는 참 제자가 되길 바랍니다. 그렇다면 어떻게 해야 예수님의 참 제자가 될 수 있을까요?

1. The life of following Jesus

First, we need to live a life that follows Jesus.

Mark 8:34 says, *"Then he called the crowd to him along with his disciples and said: 'Whoever wants to be my disciple must deny themselves and take up their cross and follow me.'"*

People of this world chase after wealth, glory, power, and success. How about us disciples? What are we following? Don't we follow worldly ideas of status, wealth, and glory just like people of this world, even when we have become the children of God after believing in Jesus and forgetting about the grace of salvation?

Dietrich Bonhoeffer, a German theologian and pastor, said in his book, *The Cost of Discipleship*, "Christians need to take up their cross and enjoy the costly grace of taking part in the suffering of Jesus and their neighbors."

God paid a very high price, the precious blood of Jesus Christ, for our salvation. Therefore, the salvation of Jesus'

1. 예수님을 따르는 삶

첫째로, 우리는 예수님을 따르는 삶을 살아야 합니다.

마가복음 8장 34절은 말씀합니다. "무리와 제자들을 불러 이르시되 누구든지 나를 따라오려거든 자기를 부인하고 자기 십자가를 지고 나를 따를 것이니라"

이 세상 사람들은 부귀, 영화, 권세, 성공을 향해 달려갑니다. 예수님을 믿는 우리는 어떻습니까? 우리는 무엇을 따라가고 있습니까? 예수님을 믿고 하나님의 자녀가 되었음에도 구원의 은혜를 잊어버리고 세상 사람들처럼 세상의 부귀영화를 따라가고 있지는 않습니까?

독일의 신학자요 목회자였던 디트리히 본회퍼는 『나를 따르라』라는 책에서 "기독교인은 자신의 십자가를 지고 예수와 이웃의 고난에 동참하는 값비싼 은혜를 누려야 한다."라고 말했습니다.

하나님은 우리의 구원을 위해 예수 그리스도의 보혈이라는 값비싼 대가를 지불하셨습니다. 그렇기에 예수님의 십자가 구

cross is incomparable to anything and priceless grace.

We, who have received such priceless and amazing grace, should no longer follow the world. We must not depend on our circumstances or other people. We should only fix our eyes on Jesus, who is the author and perfecter of our faith, and move forward in faith. When we fix our eyes on the world, we are only discouraged. What the world gives us is failure and despair.

On November 18, 1978, inside a jungle in Guyana, South America, 914 people committed suicide after drinking poison. They followed the sect leader of the "People's Temple", Jim Jones. He started his religion in Indiana, in the United States, took his followers all the way to South America, and they died together after drinking poison. They all died miserably because they followed their heretic leader.

Even in Korea there are many self-proclaimed Jesus. Some even claim that they are the Counselor. Who is the Counselor? The Counselor is the Holy Spirit.

원은 이 세상 무엇과도 비교할 수 없는 값비싼 은혜입니다.

이 같은 귀한 은혜를 받은 우리는 세상을 따라가서는 안 됩니다. 사람을 보거나 환경을 보지 말아야 합니다. 오직 믿음의 주요 온전케 하시는 예수님만 바라보며 나아가야 합니다. 세상을 보면 낙심할 뿐입니다. 세상은 우리에게 실패와 절망을 줄 뿐입니다.

1978년 11월 18일, 남미 가이아나 밀림에서 914명이 독약을 먹고 자살하는 사건이 발생했습니다. 그들은 '인민사원'이라는 이단 집단의 교주 짐 존스를 따르던 사람들이었습니다. 짐 존스는 미국 인디애나주에서 인민사원을 시작했는데, 자신의 추종자들을 모두 데리고 남미로 갔다가 그곳에서 그들과 함께 독약을 마시고 자살했습니다. 그들은 이단 교주를 따라갔기 때문에 이 같은 비참한 죽음을 맞게 된 것입니다.

우리나라에도 자칭 예수가 많습니다. 또 어떤 사람은 자기를 보혜사라고 칭하기도 합니다. 보혜사가 누구입니까? 보혜사는 성령님이십니다.

We should not only always be eager to listen to the voice of the Holy Spirit, but also always discern what we hear through the Word of God. Human beings cannot be the Holy Spirit. However, there are ignorant people who fall for the lies and follow them. Never be tempted to listen to the voice of the world but follow our righteous Savior Jesus Christ.

True disciples of Jesus are those who only look to, believe in, rely upon, and follow Jesus, who is our teacher. They strive to keep the teachings of Jesus in their hearts and do their best to practice them.

In other words, if we are to be true disciples of Jesus, we should practice love just as Jesus has loved us. Just as Jesus forgave those who nailed Him to the cross, we too need to forgive those who persecute, slander, and entrap us.

As Jesus lived in the image of gentleness and humility, we too need to let go of our twisted and easily hot-tempered personalities and live as a disciple of Jesus by wearing the garment of gentleness and humility.

우리는 성령님의 음성 듣기를 사모하지만, 말씀을 통해 들은 바를 분별해야 합니다. 사람은 결코 성령님이 될 수 없습니다. 하지만 이 같은 거짓말에 속아 그들을 따라가는 무지한 사람들이 있습니다. 절대로 세상의 소리에 귀를 기울이지 말고 우리의 의로운 구세주이시며 믿음의 주요 온전케 하시는 이인 예수님만 따라갑시다.

참된 제자는 스승이신 예수님만 바라보고 믿고 의지하고 따라가는 사람입니다. 예수님의 가르침을 늘 마음에 새기고 그 가르침을 지켜 행하기 위해 최선을 다하는 사람입니다.

다시 말해 우리가 예수님의 참 제자가 되려면 예수님이 우리를 사랑하신 것 같이 우리도 사랑을 실천하며 살아야 합니다. 예수님이 자신을 못 박는 사람들을 용서한 것 같이 우리도 우리를 핍박하고 헐뜯고 모함하는 사람들을 용서해야 합니다.

예수님이 온유와 겸손의 모습을 보이신 것처럼 우리도 모나고 다혈질적인 모습을 다 내려놓고 온유와 겸손의 옷을 입은 예수님의 제자로 살아가야 합니다.

We all want to be served and treated well. However, Jesus was not like this.

At the Last Supper, Jesus set an example of serving others by washing His disciples' feet. Therefore, we need to live by serving and not seeking to be served.

We should serve the poor, broken, and sick people around us with the love of Jesus. When we serve with love, we will experience the grace of the Lord.

When we follow the true Savior Jesus Christ, we can meet true success, true happiness, and true peace. Also, we will eventually enter the kingdom of heaven which the Lord has prepared for us. Therefore, I pray that we will become true disciples of Jesus and regardless of the hardships, problems, and difficulties that we may face, I hope that we can march forward with faith and always glorify God.

많은 사람이 대접과 섬김을 받기를 좋아합니다. 하지만 예수님은 다르셨습니다.

예수님은 마지막 만찬의 자리에서까지 제자들의 발을 씻기시며 섬김의 본을 보여주셨습니다. 그러므로 우리도 예수님처럼 섬김을 받기보다는 다른 사람을 섬겨야 합니다.

우리 주위에 병들고, 힘들고, 가진 것 없는 불쌍한 사람들을 예수님의 사랑으로 섬겨야 합니다. 우리가 사랑으로 섬길 때 주님의 은혜를 경험하게 됩니다.

참 구주 되신 예수님만 따라가면 참된 성공, 참된 행복, 참된 평안함이 있습니다. 그리고 결국 주님이 예비하신 천국에 가게 될 것입니다. 그러므로 예수님의 참된 제자가 되어 어떤 환난과 문제와 어려움이 다가와도 믿음으로 견디고 이기며, 믿음으로 전진해서 하나님께 영광을 올려드리는 우리가 되기를 바랍니다.

2. The life of denying one's self

Second, in order to become a disciple of Jesus, we need to live a life of denying ourselves day by day.

Mark 8:34 says, *"Then he called the crowd to him along with his disciples and said: 'Whoever wants to be my disciple must deny themselves and take up their cross and follow me.'"*

Denying oneself is not easy because human beings are essentially self-centered. They want to be the center of their own worlds, do what they want, and expect everything to revolve around them. Therefore, the self becomes the biggest obstacle to becoming disciples of Jesus.

If we want to be true disciples, we must lay down ourselves and our "Me". We must not lay down a part of us, but rather every part of ourselves. People who follow Jesus must surrender their will, plans, and thoughts, and live for the will, plans, and glory of Jesus.

2. 자기를 부인하는 삶

둘째로, 예수님의 제자가 되기 위해서는 날마다 자기를 부인하는 삶을 살아야 합니다.

마가복음 8장 34절은 말씀합니다. "무리와 제자들을 불러 이르시되 누구든지 나를 따라오려거든 자기를 부인하고 자기 십자가를 지고 나를 따를 것이니라"

자기를 부인한다는 것은 쉽지 않은데, 사람은 본래 자기중심적인 성향을 띠고 있기 때문입니다. 사람들은 자신이 삶의 중심에 있길 원하고, 자신이 원하는 일을 하고, 모든 일이 자기 뜻대로 되기를 바랍니다. 그렇기에 예수님의 제자가 되는 데 가장 큰 장애물이 바로 자기 자신입니다.

예수님의 참된 제자가 되기 위해서는 먼저 '나'를 내려놓아야 합니다. 나의 일부가 아닌 나의 모든 것을 내려놓아야 합니다. 예수님을 따르는 사람은 나의 뜻, 나의 계획, 나의 생각을 내려놓고 예수님의 뜻, 예수님의 계획, 예수님의 영광을 위해 살아야 합니다.

Walter J. Chantry said that the greatest characteristic of a born-again Christian is self-denial. He says in his book, *Shadow of the Cross: Studies in Self-Denial*, "The command of taking the cross is not only for veteran soldiers but also for new soldiers. This command is a prerequisite to being drafted into the army of God. It is absolutely impossible to be a Christian without taking up the cross of self-denial."

The command to bear a cross is given not only to people who have believed in Jesus for a long time, but also to those who are new believers. It is impossible to become Christians without the cross of self-denial. When we break ourselves, sacrifice, and move forward for the glory of the Lord, God pours His blessings onto us.

In Afghanistan there was a man named Abdul Rahman, who converted from Islam to Christianity. For becoming a Christian, he almost received the death penalty. The population of Afghanistan consists of nearly 2.5 million people and 99% of the population is Muslim. A person who is born in Afghanistan has no choice but to follow Islam. Abdul was also a faithful Muslim who bowed down towards Mecca five times a day and fasted every year during Ramadan for a month.

월터 챈트리는 거듭난 그리스도인의 가장 큰 특징이 자기부인이라고 했습니다. 그의 저서 『자기부인』에서 그는 다음과 같이 말했습니다. "십자가를 지라는 명령은 노련한 병사들뿐만 아니라 신참 병사들에게도 주어지는 명령이다. 이 명령은 하나님의 군대에 들어가기 위한 전제조건이다. 자기부인의 십자가 없이 그리스도인이 되는 것은 절대적으로 불가능하다."

십자가를 지라는 명령은 오랫동안 예수님을 믿은 사람뿐만 아니라 초신자에게도 똑같이 주어지는 명령입니다. 자기부인의 십자가 없이 그리스도인이 되는 것 자체가 불가능합니다. 주님 앞에 나 자신을 깨뜨리고 희생하며, 주님의 영광을 위해 나아갈 때 하나님께서 복을 내려주십니다.

아프가니스탄에 압둘 라흐만이라는 사람이 있는데, 이슬람교도였다가 기독교로 개종했습니다. 그는 기독교인이 되었다는 이유로 사형까지 당할뻔했습니다. 아프가니스탄은 인구수 250만 명 중 99%가 이슬람교도입니다. 그래서 이 나라에서 태어나면 이슬람교를 따를 수밖에 없습니다. 압둘 라흐만도 하루에 다섯 번씩 메카를 향해 절을 하고 1년에 한 달, 즉 라마단 기간 때마다 해가 떠 있는 동안 금식하는 아주 신실한 이슬람교도였습니다.

When Abdul was doing voluntary work for a Christian medical organization that helped Afghan refugees in Pakistan, he was very touched. While he was giving treatment and helping the refugees for 4 years, he experienced the love of Jesus.

He repented and accepted Jesus as his Savior. However, when a Muslim converts to Christianity in Afghanistan, it can cost them their life. According to Shariah law, which is a type of Islamic law, converting from Islam to any other religion is a serious offense that is punishable by death.

So, Abdul fled to Germany and later returned to Afghanistan to bring his daughters. But since he converted to Christianity, his parents did not meet him, did not let him meet his daughters, and even reported him to the police.

Abdul was taken to court and charged with converting to Christianity. If he did not give up his new faith, he would have no choice other than being sentenced to death at an execution ground. However, even in such circumstance,

그러던 그는 파키스탄에 가서 아프가니스탄의 난민들을 돕는 기독교 의료단체에서 봉사하다가 큰 감동을 받았습니다. 4년여 동안 난민들을 돕다가 예수님의 사랑을 깨닫게 된 것입니다.

그는 회개하고 예수님을 구주로 영접했습니다. 하지만 이슬람교도가 기독교인이 된다는 것은 생명의 위협을 받는 일입니다. 이슬람법인 샤리아에 의하면 무슬림이 타 종교로 개종하는 것은 중죄이며 사형으로 다스려집니다.

그래서 압둘 라흐만은 독일로 피신해야 했고 이후 자신의 딸들을 데려오기 위해서 아프가니스탄으로 갔습니다. 하지만 라흐만의 부모님은 그가 기독교로 개종했다는 이유로 아예 만나주지도 않고 그의 자녀들도 못 만나게 했으며, 심지어 그를 경찰에 신고까지 했습니다.

그는 이슬람교를 버리고 기독교인이 되었다는 죄목으로 법정에 끌려갔습니다. 기독교를 포기하지 않으면 사형 선고를 받아 죽을 수밖에 없었습니다. 하지만 그는 이 같은 급박한 상황에서 다음과 같이 고백했습니다. "나는 이교도도 아니고 도망

he confessed, "I am neither a pagan nor a fugitive. I am a Christian. If they want to put me to death, I will accept it. If I have to die because I believe in Jesus, I will die."

News of his story spread throughout the whole world. The United States, the United Kingdom, and other countries requested the Afghan government for his pardon. Many Christians prayed for him and his safety. Since his story drew so much attention around the world and he was receiving global support, the Afghan courts dismissed him on all the charges and deported him to another country. He was exiled to Italy and was not able to meet his wife and his two daughters. Abdul sacrificed meeting his family for Jesus and chose a life of taking up the cross.

What are we giving up for Jesus? Self-denial means giving up our possessions, time, talents, and all that we have.

Philippians 2:6-8 says, *"Who, being in very nature God, did not consider equality with God something to be used to his own*

자도 아니다. 나는 기독교인이다. 그들이 나를 처형하길 원한다면 이를 받아들이겠다. 내가 예수님을 믿기 때문에 죽어야 한다면 죽겠다."

압둘 라흐만에 관한 소식은 전 세계로 퍼져나갔습니다. 미국과 영국, 그리고 여러 나라 정부에서 라흐만을 사면하라고 아프가니스탄 정부에 요청했습니다. 또한 세계 곳곳의 많은 기독교인이 그를 위해 기도하기 시작했습니다. 그의 사건이 세계적인 이슈로 부각하고 그를 지지하는 여론이 형성되자, 아프가니스탄 법원은 그의 죄목을 모두 기각하고 그를 외국으로 추방해버렸습니다. 라흐만은 결국 이탈리아로 망명했고 부인과 두 딸을 만나지 못하게 되었습니다. 그는 가족까지 희생해가면서 십자가를 지는 삶을 선택한 것입니다.

예수님을 위해서 우리는 무엇을 포기하고 있습니까? 자기를 부인한다고 하는 것은 나의 물질, 나의 시간, 나의 재능, 나의 전부를 포기하는 것입니다.

빌립보서 2장 6절에서 8절의 말씀입니다. "그는 근본 하나님의 본체시나 하나님과 동등됨을 취할 것으로 여기지 아니하시

advantage; rather, he made himself nothing by taking the very nature of a servant, being made in human likeness. And being found in appearance as a man, he humbled himself by becoming obedient to death— even death on a cross!"

Jesus truly denied Himself by laying down His life for us. Likewise, we too in return must deny ourselves thoroughly in order to follow Jesus.

Self-denial means living a life in which Jesus is the master of our life. His will is our will. His work is our work. His glory is our glory. We need to leave all decisions to Him and do the works that please Him. This is the image of a true disciple.

Apostle Paul made a confession in Galatians 2:20 about his new life in Christ after he came to believe in Jesus. *"I have been crucified with Christ and I no longer live, but Christ lives in me. The life I now live in the body, I live by faith in the Son of God, who loved me and gave himself for me."*

고 오히려 자기를 비워 종의 형체를 가지사 사람들과 같이 되셨고 사람의 모양으로 나타나사 자기를 낮추시고 죽기까지 복종하셨으니 곧 십자가에 죽으심이라"

예수님의 섬김은 생명을 주기까지 자기를 부인하신 섬김이었습니다. 예수님을 따르려면 이처럼 철저하게 자신을 부인해야 합니다.

자기를 부인한다는 것은 나의 삶의 주인을 예수님으로 모시는 것입니다. 그래서 예수님의 뜻이 나의 뜻이 되고, 예수님의 일이 나의 일이 되고, 예수님의 영광이 나의 영광이 되도록 하는 것입니다. 우리는 모든 결정을 주님에게 맡기고 주님이 기뻐하는 일을 해야 합니다. 이것이 참 제자의 모습입니다.

사도 바울은 예수를 믿고 난 후 변화된 삶에 대해 갈라디아서 2장 20절에서 이렇게 고백했습니다. "내가 그리스도와 함께 십자가에 못 박혔나니 그런즉 이제는 내가 사는 것이 아니요 오직 내 안에 그리스도께서 사시는 것이라 이제 내가 육체 가운데 사는 것은 나를 사랑하사 나를 위하여 자기 자신을 버리신 하나님의 아들을 믿는 믿음 안에서 사는 것이라"

When we try to live our life trusting only our own strength and abilities, it is very tiring and difficult. Problems will occur continuously, and the news that makes us defeated will come. We will, at times, be treated unfairly and offended by others. When we become the master of our lives, we will experience all these difficulties. However, when we surrender everything to the Lord and have Jesus as the master of our lives, true peace and freedom will fill up our hearts.

Indeed, denying one's self is not something we can do with our own strength. Therefore, when we pray, meditate, and hold onto the Word, the Holy Spirit will help us. When we live by denying ourselves, amazing things will happen. Even though we may fail, we will not be in despair. Why? Because God will raise us up again. Even when we succeed, we will not be full of pride. Why? Because we know the Lord has helped us succeed. Also, we will be freed from any desires when we deny ourselves.

If we deny ourselves and are filled with the Holy Spirit, we will bear the fruit of the Holy Spirit which is love, joy,

내 힘과 능력으로 내 인생을 살려고 하면 너무나 피곤하고 어려울 것입니다. 우리의 삶 가운데 끊임없이 문제가 다가오고 우리를 낙심케 하는 소식들이 들려올 것입니다. 때때로 억울한 일을 당하기도 하고 모함을 당하기도 할 것입니다. 내가 내 인생의 주인이 되면 이 같은 고통을 고스란히 겪게 됩니다. 하지만 모든 것을 주 앞에 내려놓고 예수님을 주인으로 모시고 살면 마음에 참된 평안과 자유가 다가오게 됩니다.

물론 자기부인도 우리 힘으로 할 수 있는 것은 아닙니다. 늘 말씀을 묵상하고 기도하면 성령님이 자기부인을 할 수 있도록 우리를 도와주십니다. 우리가 자신을 부인하면 그때부터 놀라운 일이 일어납니다. 실패해도 낙심하지 않게 됩니다. 주님이 나를 다시 일으켜 주실 것을 믿기 때문입니다. 성공해도 교만하지 않게 됩니다. 내가 아닌 주님이 성공을 주셨다는 것을 알기 때문입니다. 또한 자기를 부인함으로써 우리는 온갖 탐욕으로부터 자유로워질 수 있습니다.

자기를 부인하고 성령으로 충만하면 성령의 열매인 사랑과 희락과 화평과 오래 참음과 자비와 양선과 충성과 온유와 절제

peace, patience, kindness, goodness, faithfulness, gentleness, and self-control, and live a life of glorifying God.

3. The life of carrying one's cross

Third, we have to live a life of carrying our own crosses.

Luke 9:23 says, *"Then he said to them all: 'Whoever wants to be my disciple must deny themselves and take up their cross daily and follow me.'"*

In this verse, the word "daily" is mentioned. Taking up our cross daily means to follow Jesus every day, at every moment, for our entire lives. Taking up my cross is painful work. However, just as Jesus died on the cross for human sins, we too must be willing to sacrifice our time and possessions for Jesus, bearing our crosses and facing persecution and difficulties.

Everyone must take up his or her cross. Additionally, there is the cross we need to take up for our families. One

의 열매가 맺혀서 하나님께 영광 돌리는 삶을 살게 되는 것입니다.

3. 자기 십자가를 지는 삶

셋째, 우리는 자기의 십자가를 지는 삶을 살아야 합니다.

누가복음 9장 23절은 말씀합니다. "또 무리에게 이르시되 아무든지 나를 따라오려거든 자기를 부인하고 날마다 제 십자가를 지고 나를 따를 것이니라"

이 구절에 '날마다'라는 표현이 나옵니다. 날마다 십자가를 지라는 것은 매일, 매 순간, 평생에 이르도록 예수님을 따르라는 것입니다. 나의 십자가를 지는 건 고통스러운 일입니다. 하지만 예수님이 인류구원을 위해 십자가 위에서 돌아가신 것처럼 예수님의 제자인 우리도 주님을 위해 시간과 물질을 희생해야 하고, 때로는 핍박과 어려운 일을 당할지라도 십자가를 지고 가야 합니다.

누구나 자신만의 십자가를 지고 있습니다. 그중에 가정에서 져야 하는 십자가가 있습니다. 한 여자분이 제게 편지를 보내 조

woman sent me a letter asking me for advice. In the letter, she wrote that she accidentally married the wrong man. While living together, she realized that they were different. She said, "These days, I have found someone who is better for me. So, I want to be with him. Please pray for my dreams to come true."

I do not think she understands the meaning behind the cross. Originally, marriage is unification between a man and a woman, who are different, and live together by adjusting to one another. Also, her current husband, who does not seem to be the right fit for her, may be the cross she has to bear.

Sometimes, your children may be your cross. When your child worries you when he or she suddenly becomes rebellious, behaves rudely, makes bad friends, and causes trouble, it is the cross that you must bear. Please be willing to take up that cross. Do not put it down. God only allows the cross that we can bear.

We may have to take up the cross even at our workplace. You may be ridiculed for not drinking alcohol because you

언을 구한 적이 있습니다. 그 편지에서 그녀는 제게 말하기를 자신이 엉겁결에 잘못된 사람과 결혼을 했다고 말했습니다. 같이 살아보니 둘이 너무도 다르다는 점을 깨달은 것입니다. 이어 그녀는 이렇게 말했습니다. "근래에 저와 진짜로 잘 맞는 사람을 찾았습니다. 나는 그 사람과 함께 있고 싶습니다. 저의 이 꿈이 이루어지도록 기도해주세요."

저는 이분이 십자가를 제대로 이해하지 못했다고 생각합니다. 본래 결혼이란 서로 다른 남자와 여자가 만나서 함께 살며 서로 맞춰가는 것입니다. 또한 자신과 맞지 않는 남편이 그녀가 짊어져야 하는 십자가일 수 있습니다.

때로 자식이 십자가가 될 수도 있습니다. 아이가 느닷없이 반항하고 버릇없이 굴며 나쁜 친구들을 사귀고 문제를 일으키면서 걱정을 끼친다면 이 또한 십자가입니다. 그러나 이러한 십자가도 기꺼이 지고 가야 합니다. 그 십자가를 내려놓으면 안 됩니다. 하나님은 우리가 감당할만한 십자가만을 허락하십니다.

직장에서 십자가를 져야 할 때도 있습니다. 회식 자리에서 나는 예수님을 믿는 사람이라서 술을 안 마시겠다고 하면 조롱을

are a believer of Jesus Christ. You may be hurt and targeted by others who are jealous of your success. However, do not put the cross down and run away even though it is hard and heavy. I hope that we can bear it with perseverance. Jesus took up the cross until the moment of His death. Since we are disciples of Jesus, we too may have to bear our crosses in that way with Jesus.

Mark 10:29-30 says, *"'Truly I tell you,' Jesus replied, 'no one who has left home or brothers or sisters or mother or father or children or fields for me and the gospel will fail to receive a hundred times as much in this present age: homes, brothers, sisters, mothers, children and fields—along with persecutions—and in the age to come eternal life.'"*

At the time when the gospel of Mark was written, the Roman Empire persecuted Christians. The persecution was so severe that Christians had to give up their families and occupations, and in some cases even their lives. In order to preserve their faith, they took up the brutal cross of pain of suffering. God promised to give them great blessings.

받을 수도 있습니다. 나의 성공을 질투하는 사람으로 인해 상처를 받을 수도 있습니다. 그러나 힘들고 무겁다는 이유로 십자가를 버리고 도망치지 말고, 그것을 묵묵히 질 수 있기를 바랍니다. 우리 예수님은 죽음에 이르기까지 십자가를 지셨습니다. 우리도 예수님의 제자이기에 우리의 십자가를 지고 예수님과 함께 그 길을 걸어가야 합니다.

마가복음 10장 29-30절입니다. "예수께서 이르시되 내가 진실로 너희에게 이르노니 나와 복음을 위하여 집이나 형제나 자매나 어머니나 아버지나 자식이나 전토를 버린 자는 현세에 있어 집과 형제와 자매와 어머니와 자식과 전토를 백 배나 받되 박해를 겸하여 받고 내세에 영생을 받지 못할 자가 없느니라"

마가복음이 기록된 시대에 기독교인들은 로마제국의 핍박을 받았습니다. 당시 기독교인들은 극심한 핍박으로 인해 가족과 자신의 생업을, 심지어 자신의 생명까지 포기해야 했습니다. 믿음을 지키기 위해 고난의 십자가를 진 것입니다. 이들에게 하나님은 큰 복을 내리시겠다고 약속하셨습니다.

We should remember that our faith cannot grow without bearing the cross. We cannot go forward in experiencing deeper grace without bearing the cross. If we live by compromising with the world, we will be in comfort physically but we cannot be spiritually immersed in deep grace.

What is the mission that the Lord has given you? What mission are you keeping in your heart through faith while living in this world? I sincerely hope that until you fulfill that mission, you will take up the cross and march forward as you fix your eyes only unto Jesus.

On August 2nd, 2011, Pastor Yongjo Ha went to heaven. He underwent through 7 cancer operations and had to take a kidney dialysis more than three times a week. His life itself was the cross for him. He ministered by taking up the cross of his disease. Throughout his 65 years of life, he bore his cross in silence to fulfill his mission that the Lord gave to him.

Before Pastor Yongjo Ha fell into a coma from a stroke, he prepared for every one of his Sunday sermons with

또한 우리는 십자가 없이 믿음은 성장할 수 없다는 사실을 기억해야 합니다. 십자가 없이 더 깊은 은혜 가운데로 나아갈 수 없습니다. 적당히 세상과 타협하면 육신은 편할 수 있으나, 영적으로는 깊은 은혜에 잠길 수 없습니다.

주님이 여러분에게 주신 사명이 무엇입니까? 여러분의 마음속에 어떤 사명을 품고 살아가고 있습니까? 주님이 주신 사명을 완수할 때까지 십자가를 지고 오직 예수님만을 바라보며 전진해가는 여러분이 되길 축원합니다.

2011년 8월 2일, 하용조 목사님이 소천했습니다. 하 목사님은 7번의 암 수술을 받았고 매주 세 차례 이상 신장 투석을 해야 했습니다. 목사님은 삶 자체가 십자가였습니다. 늘 질병이라는 십자가를 지고 사역을 했습니다. 주님이 주신 사명을 감당하기 위해 65년 동안 묵묵히 십자가의 길을 걸어온 것입니다.

하용조 목사님은 뇌출혈로 쓰러지기 직전까지도 힘을 다해 주일설교를 준비했습니다. 아무런 유언도 남기지 못했는데

every bit of strength that he could muster. He was not able to leave a will, but he posted a short tweet on his Twitter account on May 17, 2011.

"No matter how busy I am, when I'm doing something that I enjoy, I get excited. God's work is busy work but it is interesting and exciting. Live busily for God."

Members of Onnuri Church mourned Pastor Ha's death and they left such condolences on Twitter. "He was gentle but passionate. He was full of love and mercy. We love you Pastor Yongjo Ha. You lived as the light and salt of the world and went back to the Lord. We are sad to let you go but we are also excited to think about of how great the celebration might be that is prepared for you in heaven. We want to live like you. Pastor, rest in peace. We will really miss you and will not forget the love you showed us. We were very happy to have you."

I hope we can persevere as we bear our crosses and follow the way of our Lord and become true disciples of Jesus.

2011년 5월 17일 자신의 트위터에 이런 글을 적었습니다.

"아무리 바빠도 좋아하는 것을 할 때는 신이 난다. 하나님의 일은 바쁘지만 즐겁고 재미있다. 하나님을 위해 바쁘게 살라."

온누리교회 성도들은 목사님의 죽음을 안타까워하고 슬퍼하며 트위터에 이러한 글을 남겼습니다. "온화하지만 열정적이었고, 사랑과 긍휼이 많으셨던 하용조 목사님. 세상에서 빛과 소금으로 살다가 주님 품으로 돌아가신 하용조 목사님, 사랑합니다. 보내는 우리의 마음은 비록 슬프지만, 목사님을 위해 준비된 천국의 축제가 얼마나 크고 기쁠지 생각만으로도 설렙니다. 그 삶을 닮기를 원합니다. 목사님, 편히 쉬세요. 정말 보고 싶을 것이고 그 사랑을 잊지 못할 거예요. 우리 모두 목사님이 계셔서 참으로 행복했습니다."

우리도 십자가를 지고 묵묵히 주님이 가신 길을 따라가는 예수님의 참 제자가 되기를 소원합니다.

4. Laying down one's life for Christ and the Gospel

Finally, a true disciple lives a life that lays down his or her life for Christ and the gospel.

Mark 8:35 says, *"For whoever wants to save their life will lose it, but whoever loses their life for me and for the gospel will save it."*

We should serve the Lord by sacrificing our life and laying down all that we have. By doing so, we can enjoy true freedom. Life is difficult because we try to hold onto the things of the world. People who have a lot still crave for more and live surrounded with high walls, barbed wires, and CCTV cameras, because they are afraid of losing what they have. The more that we have, the greater our worries and fears. But when we surrender all before the Lord, He pours out His abundant grace on us.

Christians who held onto their faith under the rule of the Roman Empire lost everything they previously owned.

4. 그리스도와 복음을 위하여 생명까지도 내어놓는 삶

마지막으로 참 제자는 그리스도와 복음을 위하여 자신의 생명까지도 내놓는 삶을 살아야 합니다.

마가복음 8장 35절은 말씀합니다. "누구든지 자기 목숨을 구원하고자 하면 잃을 것이요 누구든지 나와 복음을 위하여 자기 목숨을 잃으면 구원하리라"

우리는 생명을 바치기까지 우리의 모든 것을 다 드려 주님을 섬겨야 합니다. 그렇게 할 때 우리는 진정한 자유를 누릴 수 있습니다. 우리의 삶이 힘든 까닭은 세상의 것을 자꾸 움켜쥐려고 하기 때문입니다. 가진 것이 많은 사람은 더 많이 가지려 하고, 가진 것을 빼앗길까 두려워서 가시철사와 CCTV가 설치된 높은 담 안에 삽니다. 가진 것이 많을수록 걱정과 두려움은 더 커집니다. 그러나 우리가 가진 것을 모두 주님 앞에 내려놓으면 주님은 더욱 풍성한 은혜를 우리 위에 부어주십니다.

로마제국에서 핍박받으며 믿음을 지켰던 기독교인들은 이전에 가졌던 모든 것을 잃었습니다. 심지어 자신의 생명까지 잃었

They even lost their lives. However, they happily followed the ways of Jesus. Their blood of martyrdom was shed throughout the Roman Empire. Although the Roman Empire persecuted Christians for 200 years and even set up a monument after exterminating all Christians, the number of Christians grew. When the Emperor Constantine officially approved of Christianity in the year 313, 8% of the population was Christians. And that 8% conquered the Roman Empire. The life of true disciples brings a great victory to God.

In France, there is a museum called "Le Musée du Désert." It is a museum that preserves the historical sites and relics of Protestants who gathered in fields and mountains to worship God while escaping severe persecution during the 18th century in France.

During that time, the French government that was supported by the Catholic Church persecuted Protestant churches. They prohibited worship services, arrested believers who participated in services, and punished them. Pastors were put on specially built racks where their bones were broken and they were eventually beheaded. Women

습니다. 하지만 그들은 기쁨으로 주님이 가신 십자가의 길을 따랐습니다. 그들의 순교의 피가 로마제국의 땅을 적셨습니다. 로마제국이 2백여 년 동안 기독교인들을 핍박하고 후에 박멸했다는 기념비까지 세웠지만, 기독교인의 숫자는 계속해서 증가했습니다. 313년 콘스탄틴 황제가 기독교를 공인할 때 기독교인의 비율이 전체 인구 중에 약 8%였습니다. 그리고 이 8%의 기독교인이 로마제국을 정복한 것입니다. 참 제자의 삶은 이처럼 하나님의 위대한 승리를 가져옵니다.

프랑스에 가면 '광야박물관'이라는 곳이 있습니다. 18세기 프랑스의 개신교 박해 때 성도들이 들과 산으로 피신해 예배드렸던 역사적인 현장과 유물을 보존하기 위해 만든 박물관입니다.

당시 가톨릭교회의 지지를 받던 프랑스 정권은 개신교를 박해했습니다. 예배를 금지하고 예배에 참석하는 사람들을 붙잡아 처벌했습니다. 목회자들은 특수 제작한 형틀에서 뼈가 으스러지는 형벌을 받은 뒤 결국 참수형을 당했습니다. 여성 성도들은 높은 망대 위의 감옥에 갇혀 수년을 보내다가 결국 굶주림과

were imprisoned in high watchtower prisons for years and they eventually died from hunger and cold. Men were dragged to the king's battleship and rowed until their deaths with their hands and ankles chained.

Among the many relics at the museum, there is one that especially catches the eye. It is a small wooden board from a wrecked ship. There is a drawing of a very skinny man rowing with shackles on his hands and feet. The following words under the drawing touch everyone who reads it. "Lord, may these handcuffs be my marriage ring between You and me and consider these shackles on my ankles Your love chain."

They willingly laid down their lives in order to keep their faith. If we struggle to live, there are many things that scare us and hurt us, but if we are willing to die, what are we afraid of? When we decide to die, it does not matter if others curse and slander us. Therefore, we should crucify our ego. We should be willing to die.

Apostle Paul said in 1 Corinthians 15:31, *"I face death*

추위 속에 죽었습니다. 남성 성도들은 왕의 전함 밑바닥에서 손목과 발목에 쇠고랑이 채워진 채 노를 젓다가 죽어갔습니다.

광야박물관의 많은 전시물 가운데 유난히 눈길을 끄는 전시물이 하나 있습니다. 파선된 배에서 나온 작은 나무판입니다. 거기에는 피골이 상접한 한 사람이 손과 발에 쇠고랑을 찬 채 노를 젓고 있는 모습이 그려져 있습니다. 그 그림 밑에는 다음과 같은 글귀가 적혀 있는데, 보는 사람마다 가슴이 뭉클해집니다. "주님, 저로 하여금 제 손목의 쇠고랑을 당신과의 혼인 반지로 삼게 하시고 제 발목의 쇠고랑을 당신의 사랑의 사슬로 여기게 하소서."

그들은 신앙을 지키기 위해 목숨까지도 아낌없이 내어놓았습니다. 살려고 몸부림치면 두렵고 고통스러운 것이 많지만, 죽기를 결심한다면 무엇이 두렵겠습니까? 죽고자 한다면 다른 이들의 저주나 핍박은 더 이상 문제가 되지 않습니다. 그렇기에 자아를 십자가에 못 박아야 합니다. 내가 죽어야 합니다.

사도 바울은 고린도전서 15장 31절에 말했습니다. "형제들아

every day—yes, just as surely as I boast about you in Christ Jesus our Lord."

"I face death every day." As Paul confessed, if we nail ourselves to the cross every day, the Lord will lead our lives instead of us and achieve wonderful works through us. Never be discouraged and do not be in despair. Do not give up or step back. I pray, in the name of Jesus Christ, that we grow to become true disciples of the Lord, crucifying ourselves every day and rising from the dead along with our resurrecting Lord.

내가 그리스도 예수 우리 주 안에서 가진 바 너희에 대한 나의 자랑을 두고 단언하노니 나는 날마다 죽노라"

"나는 날마다 죽노라". 바울의 고백처럼 날마다 자신을 십자가에 못 박으면 주님이 우리를 대신하셔서 우리 삶을 이끌어주시고 놀라운 일들을 이루어주십니다. 절대 낙심하거나 절망하지 마십시오. 포기하거나 뒤로 물러나지 마십시오. 예수님의 참 제자가 되어서 날마다 자신을 십자가에 못 박고 날마다 주님과 함께 부활하는 우리가 되기를 주님의 이름으로 축원합니다.

성숙한 그리스도인

A Mature Christian